스포츠복지론

김재호 · 박형수 · 정용우 공저

머 리 말

사회복지(social welfare)의 어원상으로 보면 “집단 속에서 여러 사람들이 만족스럽고 평안하게 잘 살아가고 있는 상태”라고 할 수 있다. 이것을 거꾸로 이야기하면 기존의 사회에서는 사회구성원들이 기본적 욕구를 만족시키지 못하는 측면이 있었는데, 그 부족한 면을 채우려고 노력하는 것이 사회복지라고 할 수 있다.

한편 스포츠복지는 ‘sports’와 ‘welfare’를 합성한 용어로, 학술적으로 개념이 정립된 말이라기보다는 2000년대 이후 우리나라에서 국민의 삶의 질을 증진하기 위한 스포츠정책 사업을 추진하는 과정에서 만들어진 정책용어라고 보는 견해가 유력하다.

그런 견지에서 보면 “스포츠복지는 전 국민의 건강증진, 삶의 질 향상 및 복지사회의 구현을 목적으로 국가적 차원에서 스포츠 참여의 권리를 보장하는 사회서비스”라고 정의할 수 있다.

또한 스포츠활동을 생업으로 하는 스포츠생산자(전문체육인)를 대상으로 생존권을 보장하기 위한 ‘체육인 복지’도 스포츠복지의 범주에 포함되어야 한다.

스포츠복지의 대상은 크게는 일반 국민 전체가 되고, 작게는 스포츠 취약계층(아동, 청소년, 노인, 장애인)이 될 것이다. 그리고 스포츠복지의 지원형태는 지금까지의 지원이 ‘스포츠 기반시설을 확충하고 운영하는 것’이었다면 앞으로는 ‘스포츠문화 나눔 사업의 활성화, 스포츠복지사를 통한 스포츠의 양극화 해소, 스포츠문화의 향유’ 등으로 전환되어야 한다.

이러한 시점 현 정부에서는 모든 국민이 스포츠를 즐기며 건강한 삶을 누리고, 스포츠 가치를 사회적으로 확산시킴으로써 행복한 공동체를 형성하기 위한 정책의 일환으로 '2030 스포츠 비전'을 수립하여 추진하고 있다.

'신나는 스포츠, 함께하는 스포츠, 자랑스러운 스포츠, 풀뿌리 스포츠'를 모토로 누구나 자유롭고 즐겁게 운동할 수 있는 여건의 조성, 사회통합, 건전한 스포츠 문화 형성, 민주적 스포츠 행정 시스템 구축을 표방하고 있다.

이 책은 스포츠복지의 개념 필요성, 각국의 스포츠복지 정책, 스포츠복지의 행정 정책적 현황을 소개하는 스포츠복지의 개론서로 체육스포츠 전공자와 현장 지도자, 행정 전문가들이 스포츠복지의 올바른 개념을 이해하고 현장에서 적용하고 구체화하는 데 도움을 주기 위하여 집필되었다. 부록으로 사회보장기본법과 사회복지사업법의 법령과 시행령, 시행규칙을 수록하여 우리나라의 사회복지법을 이해하고, 스포츠복지를 현장에서 실천하는 데 도움이 되도록 하였다.

아무쪼록 스포츠복지의 태동단계를 넘어 도약단계에 접어든 이 시점에서 취약계층은 물론 온 국민이 골고루 스포츠복지의 혜택을 누리고 건강한 삶을 영위할 수 있는 스포츠복지 성숙단계를 향한 노력이 경주될 수 있기를 기대해 본다.

2019년 2월

저 자 씀

차 례

I 사회복지의 개념

contents

Ⅱ 스포츠복지의 개념과 필요성

Ⅲ 각국의 스포츠복지 정책

contents

Ⅳ 스포츠복지의 실천

sports social welfare

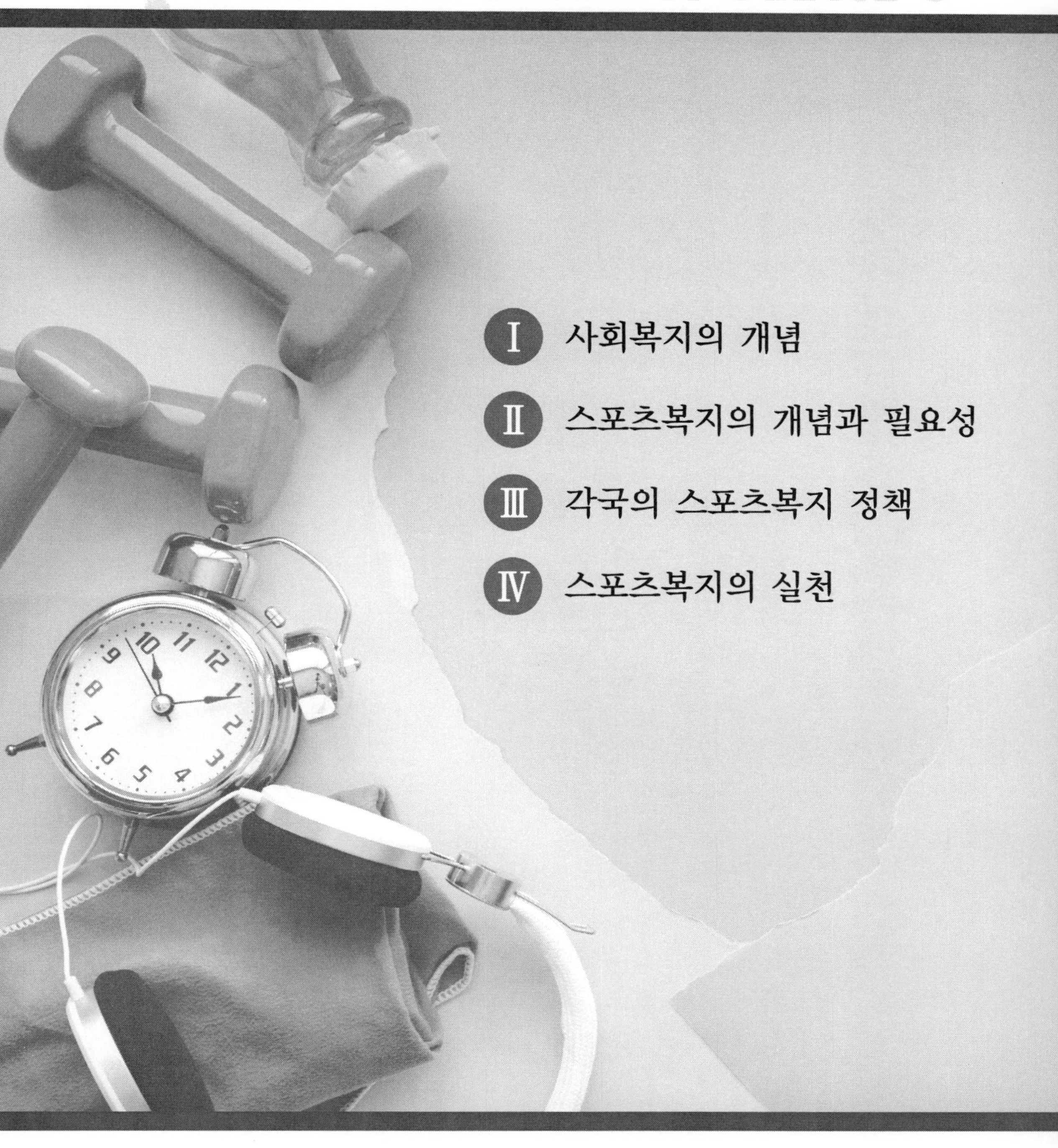

Ⅰ 사회복지의 개념

Ⅱ 스포츠복지의 개념과 필요성

Ⅲ 각국의 스포츠복지 정책

Ⅳ 스포츠복지의 실천

사회복지의 개념

1. 인간의 욕구

인간이 살아가는 데에 필요한 것, 필수적인 것, 좋은 것 등을 '인간의 욕구'라 하고, 이러한 것들이 결핍된 상태를 '욕구부족 상태'라고 한다. 그리고 어떤 행위의 결과로 결핍되었던 필요한 것, 필수적인 것, 좋은 것 등이 채워진 상태를 '욕구부족의 해소' 또는 '욕구의 충족'이라고 한다.

예를 들어 물이 마시고 싶은 것은 욕구부족 상태이고, 물을 마셔서 갈증이 해소되면 욕구를 충족한 것이며, 어떤 이유로 물을 마시지 못하면 욕구를 해소시키지 못했기 때문에 불편하고 불만이 생기며 삶이 편안하지 못하게 느껴진다.

인간의 욕구는 일시적으로 있다가 사라지는 것도 있고, 지속적으로 몇 개월, 몇 년, 또는 일생 동안 계속되는 욕구도 있다. '예뻐지고 싶다.' 또는 '키가 컸으면 좋겠다.'와 같은 개인적인 욕구도 있고, '남북통일이 되었으면 좋겠다.' 또는 '우리나라가 미국보다 더 강대국이 되었으면 좋겠다.'와 같은 사회적인 욕구도 있다.

한편 이와 달리 '배가 고파 죽겠다.' 또는 '당장 잘 곳이 없다.'와 같이 죽느냐 사느냐와 직접적으로 관련이 있는 욕구도 있고, '더 잘 살고 싶다.' 또는 '다른 사람을 도와줄 수 있는 여유가 있었으면 좋겠다.'와 같이 상당히 고차원적인 욕구도 있다. 또 '내가 대통령이 되고 싶다.'와 같이 달성 가능성이 아주 적은 욕구도 있고, '내가 군인이 되고 싶다.'와 같이 본인이 해결할 수 있는 가능성이 큰 욕구도 있다.

매슬로우(Maslow, 1943)는 인간의 욕구에 위계적·계층적 질서가 존재한다는 의미의 '욕구위계이론' 또는 '욕구단계이론'을 발표하였다.

생리적 욕구(physiological needs)는 욕구피라미드의 최하단에 위치하며 인간에게는 가장 기본적이면서도 강력한 욕구인데, 이것이 충족되지 않으면 인간의 신체는 제대로 기능하지 못한다. 생리적 욕구는 가장 기본적이면서 중요한 욕구이므로 다른 어느 욕구보다도 먼저 충족되어야 한다. 음식, 물, 성, 수면, 항상성, 배설, 호흡 등과 같은 욕구가 생리적 욕구이다.

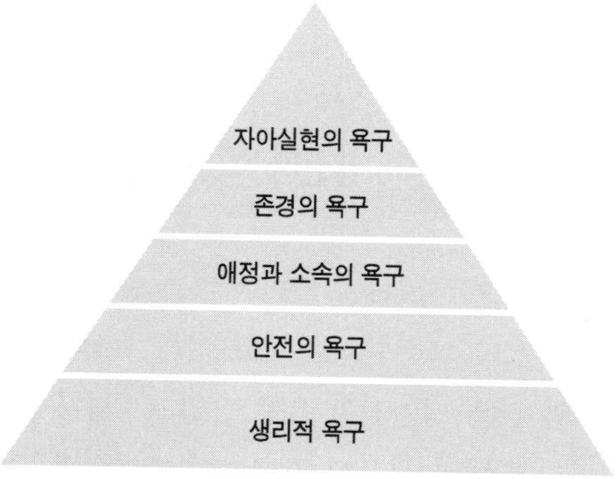

그림 매슬로우의 욕구단계이론

생리적 욕구가 어느 정도 충족되면 안전의 욕구(safety needs)가 그다음을 차지한다. 안전의 욕구는 두려움이나 혼란스러움이 아닌 평상심과 질서를 유지하고자 하는 욕구이다. 안전의 위협을 느낀 사람들은 불확실한 것보다는 확실한 것, 낯선 것보다는 익숙한 것, 변화하는 것보다는 안정적인 것을 선호하는 경향을 보인다.

생리적 욕구와 안전의 욕구가 충족되면 대인 관계로부터 오는 애정과 소속의 욕구(need for love and belonging)가 나타난다. 애정과 소속의 욕구는 사회적으로 조직을 이루면서 그곳에 소속되어 함께하려는 성향으로, 사회적인 상호작용을 통해 원활한 인간관계를 유지하고자 하는 욕구를 말한다.

모든 사람들은 존중받고자 하는 욕구(need for esteem/respect)를 갖고 있다. 사람들은 종종 어떤 훌륭한 일을 하거나 무엇을 잘함으로써 타인의 인정을 얻고자 한다. 이러한 활동은 사람들에게 자신이 가치 있다고 느끼거나 자신이 무언가에 기여하고 있다는 느낌을 갖게 해준다.

욕구 피라미드의 최상부에 위치한 자아실현의 욕구(self-actualization needs)는 각 개인의 타고난 능력 혹은 성장 잠재력을 실행하려는 욕구라고 할 수 있다.

매슬로우는 앞선 4개의 욕구는 충족되지 않았을 경우에 생기는 긴장을 해소하려는 방향으로 욕구 해소의 동기가 작용하는 반면, 자아실현의 욕구는 결핍 상태에서 출발하는 것이 아니라 성장을 향한 긍정적 동기의 발현이라는 점에서 바람직하고 성숙한 인간의 동기라고 주장했다.

자아실현의 욕구는 사람마다 다르게 구현되며 구체적으로 나타난다. 이를테면 어떤 사람은 이상적인 부모가 되는 것으로 자아실현을 이룩하고자 하며, 다른 사람은 화가가 되거나 가수가 되는 것이 궁극적으로 자아실현을 이루는 것이라고 생각한다. 그러므로 자아실현 여부는 목표 달성이라는 측면보다는 자아 실현자의 특징을 기준으로 개인이 얼마나 이런 특성을 경험하느냐를 가지고 가늠할 수 있다.

매슬로우의 욕구위계이론은 사회복지의 개념 확립에 큰 의미가 있기 때문에 위에서 자세하게 설명하였다.

욕구위계이론이 사회복지에 주는 시사점은 다음과 같다.

- 인간의 욕구는 낮은 단계에서 높은 단계로 발전한다고 하였으므로 사회 구성원들의 욕구를 충족시키기 위한 사회복지도 낮은 수준의 욕구를 먼저 충족시킨 다음 높은 단계의 욕구를 해소시키려고 노력해야 한다. 예를 들면 가장 낮은 단계의 욕구에 해당하는 생존의 욕구와 관련이 있는 의료보험과 같은 사회복지를 가장 먼저 실천하고, 그것이 어느 정도 해소되면 두 번째 단계인 안전의 욕구와 관련이 있는 사회복지를 실천하는 것이 옳은 순서라는 것이다.
- 인간의 욕구는 가장 낮은 단계인 생존의 욕구에서 가장 높은 단계인 자아실현의 욕구까지 아주 다양할 뿐 아니라 욕구의 강도도 사람마다 다르기 때문에 인간의 모든 욕구를 사회복지의 대상으로 할 수는 없다. 그러므로 인간의 욕구를 일상생활에 반드시 필요한 기본적 욕구와 사회적으로 필요한 사회적 욕구로 구분하여 기본적인 욕구를 충족시킬 수 있는 사회복지를 먼저 실시한 다음에 사회적 욕구를 실천해야 한다는 것이다. 여기에서 주의할 점은 모든 것을 정확하게 순위를 매길 수는 없으므로 사회적 합의를 통해서 우선순위를 결정해야 한다는 것이다.

현외성(1993)에 의하면 기본적 욕구와 사회적 욕구를 분류할 때 기본적 욕구는 다음과 같은 특징이 있어야 한다.

- 기본적 욕구는 모든 사람들이 공통적으로 갖고 있는 욕구이어야 한다.

즉 기본적 욕구는 인종, 종교, 성별, 연령, 교육 수준, 사회적 지위 등과 관계없이 인간이면 누구나 공통적으로 가지고 있는 욕구이어야 한다. 건강, 직업, 가정 등에 관한 욕구가 여기에 해당된다.

- 기본적 욕구는 모든 사람들에게 필수불가결한 욕구이어야 한다. 현대의 복지국가는 국민의 생존권 · 평등권 · 자유권 등을 필수불가결한 국민의 권리로 설정하고, 국가가 그러한 권리를 보장하도록 의무화하고 있다.
- 기본적 욕구는 그 사회에서 인간답게 살기 위해서 최소한으로 필요한 수준으로 설정되어야 한다. 예를 들어 우리나라에서 인간답게 살기 위해서는 아무리 가난한 사람이라도 매월 백만 원의 수입은 있어야 한다고 설정하면 기본적 욕구이지만, 매월 1억 원의 수입이 있어야 한다고 하면 기본적 욕구가 될 수 없다.

이상에서 설명한 기본적 욕구는 고정되어 있는 것이 아니라 시대 · 장소 · 소속되어 있는 사회의 수준과 이념에 따라서 달라지므로 기본적 욕구의 설정에는 언제나 논쟁과 논란이 따를 수밖에 없다.

한편 기본적 욕구와 대비되는 사회적 욕구에는 다음의 4종류가 있다.

- **규범적 욕구**(normative need)……규범적 요구는 법 · 제도 · 관습 등으로 어떤 규범 · 규준 · 수준 등을 정해놓고, 거기에 못미치면 욕구부족 상태로 보는 것이다. 예를 들어 기초생활보호법에서 매월 백만 원 이하의 소득이 있는 가정이면 기초생활보호 대상으로 지정하는 것이다.
- **느껴지는 욕구**(felt need)……조사나 측정 등에 의해서 파악되는 것이 아니라 본인이 느껴지는 욕구이다. 개인의 인식이나 성향에 따라 달라진다.
- **표출된 욕구**(expressed need)……느껴진 욕구를 어떤 형태로든 표출해

서 그 욕구가 충족되기를 기대하고 있는 욕구이다. 대부분의 사회복지는 표출된 욕구에 의해서 실천 여부가 결정된다.

- **상대적(비교적) 욕구**(comparative need)……다른 사람과 비교해서 자신이 상대적으로 부족하다고 또는 결핍되었다고 느끼는 욕구이다.

사회적 욕구는 어떤 상태가 목표 · 기준 · 이념 등에 비추어서 부족한 상태이고, 그 부족한 상태를 회복하거나 개선해야 할 필요가 사회적으로 인정된다는 것을 의미한다.

2. 사회복지의 개념

사회복지(社會福祉)는 'social welfare'를 번역한 말이다. 여기에서 사회(social)는 '집단 속에서 같이 지낸다.'는 의미이고, well은 '만족스럽다.'는 의미이며, fare는 '지내다.' 또는 '살아가다.'라는 의미이다. 그러므로 사회복지는 "집단 속에서 여러 사람들이 만족스럽고 평안하게 잘 살아가고 있는 상태"라고 할 수 있다.

이것을 거꾸로 이야기하면 기존의 사회에서는 사회구성원들이 기본적 욕구를 만족시키지 못하는 측면이 있었는데, 그 부족한 면을 채우려고 노력하는 것이 사회복지라고 할 수 있다.

윌렌스키와 르보(Wilensky & Lebeaux, 1963)는 사회복지의 개념을 보완적(잔여적) 모형과 제도적 모형으로 나누어 설명하였다.

- 보완적 모형에서는 사회구성원 중에서 낙오자(빈민, 장애자, 노약자, 어린이)에게 자발적으로 제공하는 최소한의 보호 활동을 사회복지라고 생각하기 때문에 임시방편적인 활동이고, 주변적 · 예외적인 활동이며, 사회복지의 궁극적인 목표를 "사회복지가 필요 없는 사회를 만드는 것"으로 본다. 최소한의 보호만을 제공한다는 것을 강조하는 의미에서 보완적 모형을 잔여적 모형이라고 하는 사람도 있다.
- 제도적 모형에서는 여러 가지 사회구조나 제도가 사회구성원 개개인의 욕구를 해결하기 위해서 있는 것이 아니기 때문에 ① 시장에서 불공정한 분배가 이루어지는 것을 피할 수 없고, ② 현대사회에서 아동의 양육이나 노인과 장애인의 보호를 가정에서 전적으로 책임질 수 없는 것이 당연하므로 사회복지를 통해서 상호부조의 기능을 수행해야 하고, ③ 그것을 제도화해야 된다고 본다.

이와 같이 사회복지의 개념은 보는 관점에 따라서 다를 뿐 아니라 사회변동에 따라서도 달라진다. 사회복지가 국가 또는 사회의 문화적 요소, 사회적 요소, 경제적 요소, 구성원 사이의 관계적 요소 등에 따라서 다른 형태로 표시되고, 소비수준이나 욕구수준 또는 교육수준에 따라서 종류나 강도가 달라지기 때문에 사회복지의 제도나 개념도 변화되어야만 한다.

로만신(Romanshyn, 1971)은 사회복지의 개념이 점차 다음과 같은 방향으로 변화되어가고 있다고 주장하였다.

- 보완적 개념에서 제도적 개념으로
- 자선에서 시민의 권리의 개념으로
- 선별적(특수한) 서비스에서 보편적 서비스로
- 최소한의 조건(수준)에서 최적의 조건(수준)으로

- 개인적 개혁에서 사회적 개혁으로
- 자발성에서 공공성으로
- 빈민복지에서 복지사회로

3. 사회복지의 역사

사회복지의 역사를 공부하면 현재 시행되고 있는 사회복지의 생성 및 발달과정 그리고 역사적 특성을 이해할 수 있다. 또한 이것을 통하여 과거의 사회문제 및 사회적 욕구, 그리고 그에 대응해서 생겨난 사회복지제도의 변천과정에서 나타난 성공 및 실패의 원인 · 조건 · 배경 등을 이해함으로써 사회복지정책이나 사회복지제도의 개발에 활용할 수 있을 것이다.

사회복지의 역사에서는 사회복지 대상의 변화, 사회복지에 대한 각 시대의 가치관과 이념의 변화, 사회복지의 재원의 변화, 사회복지 실천방법의 변화, 사회복지와 관련된 제도의 변화 등에 대하여 간략하게 설명할 것이다.

1) 서양의 사회복지 역사

가. 고대의 사회복지

피라미드 안에 있는 파피루스에 환자와 가난한 자를 돌보고 보호하는 것이 왕의 책임이라고 적혀 있는 것을 보면, 고대국가에서는 왕이 공공복지를 제공한 것으로 볼 수 있다.

기독교가 공식적인 종교로 인정된(361년) 이후에는 교회가 궁핍한 사람들을 돕는 자선기관의 역할을 하였다. 특히 수도원에서는 여행자 · 과부 · 고아 · 노인 · 가난한 사람들에게 의료지원, 숙박, 보호 등을 제공하였다.

13세기에 와서는 부자는 가난한 자를 도와야 한다는 것이 교회법으로 정해짐으로써 기독교 교리에 의해서 사회복지가 제도적으로 정립되는 계기가 되었다. 그에 힘입어서 왕과 귀족은 물론이고 상인들도 다목적 보호시설이나 자선원 또는 구빈원을 설립하여 가난한 사람들을 도왔다.

한편 그리스의 도시국가에서는 권력자가 추종자나 부하들에게 친절을 베풀기 위해서 숙박시설, 의료시설, 종교시설을 전국 곳곳에 설립하였다. 이것은 자신의 이익을 위한 것이었기 때문에 복지시설이라고 할 수는 없지만, 복지적인 의미는 있었다.

그밖에 아테네에서는 전쟁에서 사망한 군인들의 자녀에게 유족연금을 지불하기도 했고, 고아나 장애인을 위한 수용시설도 있었다.

나. 중세의 사회복지

중세를 대표하는 사회복지제도로는 길드를 들 수 있다. 길드는 돕는 사람과 도움을 받는 사람이 서로 바뀔 수도 있다는 점에서 기존에 있던 자선이나 박애와는 다른 일종의 상부상조 제도이다.

상인길드는 상품이나 말 또는 수레를 보호하기 위해서 상인들이 조직한 조직이고, 직인길드는 제빵업자 · 석공 · 목공 · 구두수선공 등 같은 직업에 종사하는 사람들이 자신들의 권리를 보호하고 가격을 안정시킬 목적으로 조직한 조직이었다. 길드에서는 가난한 회원들의 가족에게 생활비나 장례비 등을 지급하고, 빈곤한 회원의 딸들을 위해서 지참금을 마련해주었으며, 회원들만이 다닐 수 있는 의료시설도 설립하였다.

중세에 들면서 전쟁, 흉작, 전염병의 창궐, 기근 등으로 도움을 필요로 하는 빈민과 걸인이 폭증하여 구빈할 수 있는 자금이 부족하게 되자, 수도원에서는 교구 내의 빈민을 조사한 명부를 바탕으로 선별적 구호를 실시하였다. 당시 교구는 지방정부의 성격을 가졌으므로 구빈기관의 재원은 영지의 수입, 신자의 헌금, 빈민세 등으로 충당하였다. 자연히 자선적 구빈제도는 퇴색되기 시작하였고, 행정적인 구빈사업의 성격이 강해지게 되었다.

다. 구빈법

1348년에 영국에 흑사병이 만연하여 국민의 2/3가 사망하자 노동력이 부족해짐과 동시에 교회와 가족의 보살핌만으로는 빈민들을 구제할 방도가 없게 되었다. 그래서 1300년에서 1800년에 이르기까지 일련의 구빈법(Poor Laws ; 가난한 사람들을 구제하기 위한 법률)을 제정하게 되었다. 그중에서 대표적인 것이 1601년에 제정된 엘리자베스 구빈법이다.

엘리자베스 구빈법의 중요한 규정은 다음과 같다.

- 빈민구제를 정부의 책임으로 인정
- 빈민구제 기관 설립
- 빈민구제를 위한 재원은 세금으로 충당
- 구호대상자가 친족으로부터 도움을 받을 수 있을 경우 친족 보호를 강조
- 빈민을 노동력의 유무에 따라서 3부류로 구분하고, 부류별로 다음과 같이 대우하였음.
    - **노동력이 있는 빈민** : 저임금으로 노동할 것을 강요, 일반시민이 도와주면 불법, 노동을 거부하면 징역형

- **노동력이 없는 빈민** : 구빈원에 수용, 원외구호도 인정
- **보호대상 아동** : 남자는 24세까지 주인집에서 거주하면서 도제교육, 여자는 21세 또는 시집갈 때까지 주인집에서 하녀로 생활

➣ 자기교구에서 태어났거나 3년 이상 거주한 자만 구제

구빈법은 빈민을 구제하려고 만든 법이라기보다는 걸인이나 부랑자들의 증가로 고통을 받는 지배계급을 보호하려고 만들어진 법이었기 때문에 학자에 따라서는 '빈민통제법'이라고 하는 사람도 있다.

엘리자베스 구빈법은 사회복지 측면에서 다음과 같이 많은 의미를 갖고 있다.

➣ 세계 최초로 구빈을 법으로 정했다.

➣ 공공부조의 시초이다.

➣ 정부가 구빈의 책임을 졌다.

➣ 구빈 행정체제의 원리를 확립하였다.

- **균일처우의 원칙** : 국가에서 구제를 받는 빈민은 모두 같은 처우를 받는다.
- **열등처우의 원칙** : 구빈 수혜자의 생활수준은 최하급 노동자보다 낮아야 한다.
- **강제노역의 원칙** : 노동이 가능한 자는 강제로 작업장에 배치한다.
- **작업장 활용의 원칙** : 원내구호를 원칙으로 하고, 원외구호를 금지함.

➣ 빈민구제 행정기관을 만들었다.

➣ 최초로 구빈세를 징수하였다.

➣ 최초로 보호대상 아동을 공적으로 보호하였다.

➣ 빈민을 노동력 유무에 따라 구분하였다.

- 구빈시설(구빈원), 작업장, 원외구호를 활용하였다.
- 친족부양의 책임을 강조하였다.
- 부랑자의 발생을 줄이려고 노력하였다.

라. 산업혁명과 구빈사업

18세기 중엽 영국에서 시작된 산업혁명은 유럽 제국과 미국, 러시아 등으로 확대되었다. 산업혁명을 보통 "18세기에 농업중심사회에서 공업사회로의 이행된 혁명"이라고 하지만, 기술 개혁이라는 의미에서는 "아직까지도 끝나지 않은 점진적이고 연속적인 기술혁신의 과정"이라고 보는 것이 지배적인 시각이다.

산업혁명의 진전은 농업사회에서 산업사회로 변화, 도시화, 대량생산, 빈부격차의 심화, 농민과 임금노동자들의 빈민계층으로 전락, 자본가계급과 노동자계급의 분화, 범죄의 증가, 여성차별 등 각종 사회문제가 심각하게 나타났고, 그에 따라 사회복지의 이념이나 사상, 사회복지 제도, 사회복지 실천방법 등에도 변화가 생겼다.

이 시기에 제정된 구빈법들은 다음과 같다.

- **일버트법(1782년)**……빈민의 비참한 생활과 작업장에서의 착취를 개선하기 위해서 만든 법으로, 임금이 생활에 부족할 경우 부족액을 국가가 보충해주는 제도이다.
- **스핀햄랜드법(1795년)**……구빈세를 재원으로 사용해서 저임금 노동자들에게 표준임금의 부족 부분을 보조해주는 최저생활보장제도이다.
- **신 구빈법(1834년)**……구빈비용을 줄일 목적으로 만든 법이다. 균일처우의 원칙, 열등처우의 원칙, 작업장활용의 원칙 등 3대원칙을 강조하였다.

마. 근대의 사회복지

근대자본주의 시대가 시작되면서 자본가 계층과 노동자 계층 간의 소득격차의 심화가 큰 사회문제로 대두되었다. "궁핍은 개인적인 능력이나 노력 때문에 오는 것이 아니라, 소득의 불균형한 배분과 같은 사회적인 요인에 의해서 야기되는 것이므로 사회가 책임을 져야 한다."는 사상이 등장하게 되었고, '사회사업'이라는 용어가 처음으로 사용되기 시작하였다.

한편 18세기 말부터 프랑스에서 확산된 인권존중(자유방임주의) 사상의 영향을 받아서 "자유경쟁 하에서 곤궁은 개인의 책임이므로 도움을 받을 자격이 있는 사람에 한하여 최소한의 도움을 주어야 한다."는 주장도 함께 나왔다.

이 시대에 사회복지 사업에 대한 철학과 사회복지의 실천에 영향을 크게 미친 것은 다음 4가지 활동이었다.

◗ 사회개량 운동

산업혁명으로 노동조건이 열악해지고 노동자들이 궁핍해지자 자본가와 노동자의 대립이 점차 격화되었다.

1816년에는 기계 때문에 직장을 잃은 노동자들에 의한 기계파괴운동(러다이트운동)이 일어났고, 노동조합 결성이 전국적으로 확대되었으며, 노동자들의 파업이 자주 일어났다.

1830년경에는 노동자들이 가난한 원인이 투표권이 없기 때문이라고 생각해서 무기명 보통선거를 하자고 주장하면서 노동자들에게도 투표권을 달라고 요구하였는데, 그것을 '차티스트운동'이라 한다. 정부의 탄압과 의회의 부결로 노동자들이 투표권을 얻는 데는 실패하였지만 노동자들은 노동조합 소유로 소비조합 매점을 개설하는 성과를 올렸다.

한편 공장에서의 너무 지나친 비인도적 노동조건을 개선하려는 움직임으로 '공장법'의 제정과 개정이 있었다. 1802년 최초의 공장법에서 도제에 대한 12시간 이상의 노동 및 심야작업을 금지시킨 것을 시작으로, 공장법이 점차적으로 개정되면서 청소년의 노동시간이 단축되었고, 1847년에는 1일 노동시간을 10시간으로 하는 10시간 법안이 의회를 통과했다.

또한 E.채드윅 등의 노력으로 1840년대부터 비위생적인 도시 생활환경의 개선이 진행되었다.

위에서 설명한 러다이트운동, 노동조합의 결성, 파업, 차티스트운동, 공장법의 제정과 개정, 도시 생활환경의 개선 등은 노동자들이 조직력에 의해서 고임금을 획득하려는 운동임과 동시에 노동조합과 상호부조 방식을 이용하여 현재의 사회를 개량하고 새로운 사회를 이룩하려는 운동이었다는 의미에서 '사회개량 운동'이라고 한다.

자선조직화 운동(COS 운동)

1788년에 독일 함부르크 시에서 실시한 함부르크구빈제도의 미비점을 수정 · 보완하여 1852년에 엘버펠트 시에서 실시한 엘버펠트구빈제도의 특징은 다음과 같다.

- 일할 수 있는 빈민은 걸식을 금지한다.
- 치료 요양이 필요한 사람과 구빈원에 수용해야 할 사람을 위한 구빈사업은 공공조세에 의해서 운영한다.
- 빈민구제를 해당 지역에서 조직화한다.

이것을 본따서 1869년 영국의 런던에 설립된 것이 세계 최초의 '자선조직협회(Charity Organization Society : COS)'이다. 미국에서는 1877년에 뉴욕의 버팔로에 설립되었다.

자선조직협회는 다음과 같은 역할을 하였다.

- 원조의 대상을 도와줄 가치가 있는 사람으로 한정해서 일을 할 능력이 있는 거지, 알코올중독자, 창녀 등에게는 도움을 제공하지 아니함으로써 도덕적 의무를 강조하였다.
- 도덕적 · 종교적 교화를 통해서 빈곤문제를 해결하려고 하였다.
- 우애방문원을 활용하여 직접 찾아가서 개별적 조사를 통한 개인적 처우로 구호했다. 귀족의 부인들이나 학식이 많은 처녀들이 자진해서 우애방문원의 임무를 수행했기 때문에 '자원봉사자'에 해당되지만, 그들이 수행한 임무는 오늘날의 '사회복지사'와 거의 같았다.
- 구제신청자에 대한 과학적이고 면밀한 조사, 구제의 중복을 피하고 효율적으로 구제활동을 전개하기 위해서 구제등록제 실시, 여러 구제 기관 간의 연락 · 조정 · 협력을 목적으로 하였다.

자선조직협회의 우애방문원을 통한 자선행정의 조직화 운동은 개별사회사업 실천기술의 기초가 되었고, 사회복지 조사 및 지역사회 활동의 뿌리가 되었으며, 산발적으로 이루어지던 자금 모금활동이 공동모금회와 사회복지협의회로 발전하였다.

인보관(隣保館) 운동

인보관의 한자를 그대로 해석하면 '이웃을 보호하는 집'이라는 뜻이지만 실제로는 "지식인들이 빈민지역에 나가 주민들과 함께 생활하면서 주변 환경의 개선과 빈민의 도덕적 교화에 힘써야 한다."는 것을 '인보관 운동(settlement house movement)'이라고 한다.

1884년에 영국 국교의 목사 바네트(Barnett)가 영국으로 끌려와서 혹독한 환경 속에서 노동하고 있는 흑인 노예들의 환경을 파악하고, 그들의 생존문제를 걱정하며, 그들을 교육하여 환경을 개선하기 위하여 그들이 살고 있는 빈민지역에 뛰어들어 함께 생활하며 변화를 모색한 데서 비롯된 것이 '인보관 운동'이다.

바네트 목사가 런던의 동부 슬럼지역에 설립한 시설이 '토인비 홀'이고, 그것을 본따서 코이트(Coit)가 1886년에 뉴욕의 슬럼가에 만든 것이 네이버후드 길드(Neighborhood Guild)이며, 애덤스(Jane Adams)가 시카고에 건립한 것이 헐 하우스(Hull House)이다.

인보관 운동 참여자는 주택의 개선, 공중보건의 향상, 사용자에 의한 빈민착취의 방지 및 해결 등 제반 사회문제에 대한 집합적 해결을 강조했으며, 직업기술 훈련, 환경개선 운동 등을 공동으로 전개함으로써 빈민들이 자립할 수 있는 여건을 마련하였고, 지역사회 거주자들의 자생력을 강화하기 위해 성인교육도 실시했다.

인보관 운동은 오늘날의 지역사회 복지론의 이론적 근거가 되었고, 인보관은 오늘날의 사회복지관이 되었다.

사회조사 활동

1820년대부터 프랑스, 영국, 미국 등에서 이루어진 빈곤 조사들을 '사회조사 활동'이라고 총칭한다. 그때까지 빈곤은 개인의 책임이라고 생각하여 구제할 가치가 있는 빈민만 구제하고, 빈민구제의 책임을 자선에 맡기고 있었지만, 사회조사의 결과로 빈곤의 원인이 개인의 책임보다 불충분한 임금, 열악한 주택, 불결한 위생시설에 있음이 밝혀졌다. 그에 따라 "빈곤을 구제하기 위해서 사회가 적극적으로 관여해야 한다."는 방향으로 바뀌게 되었다.

- **부스**(Charles Booth)**의 런던시민 생활실태 조사**……직업, 생활 및 노동 조건, 작업시간, 임금, 실업상태 등을 조사하였다. 지역사회 조사에 관한 현대적 방법론의 개발에 선구자적 역할을 하였다. 특히 표본 추출방법, 통계처리 등의 발전에 큰 공헌을 하였다.
- **라운트리**(Seebohm Rowntree)**의 요크 시 빈민의 도시생활 조사**……호별 방문하여 주거 상태, 직업, 가족 수, 연령, 이사의 빈도 등을 개별적으로 조사했다. 사회보장제도의 확립에 기초가 되는 빈곤선(線)의 측정방법 확립에 공헌하였다.
- **켈로그**(Paul Kellog)**의 피츠버그 서베이**……당면한 빈곤 상황을 파악하는 데 그치지 않고 경제적 · 사회적 원인을 찾으려 했다. 조사요원으로는 사회사업가를 비롯하여 다양한 분야의 전문가들이 참여하였다.

바. 사회보험 단계

산업화가 진척됨에 따라 자본의 독점화, 실업문제, 노령화와 질병에 의한 임금생활자의 최저생활 위협 등 자본주의의 구조적인 문제들이 사회적인 문제로 대두되기 시작하였다. 또 노동운동에 의해서 노동자 계급이 정치세력화하면서 노동자와 관련된 사회문제를 해결하라는 정치적 압력이 거세지게 되었다.

개인의 자선에 의존하는 기존의 구빈제도로는 그러한 문제들을 해결하기에는 너무나 어렵다는 것을 인식하게 되면서 사회보험 제도가 생겨나기 시작하였다.

사회보험 제도란 질병, 부상, 분만, 노령, 장애, 사망, 실업 등 생활 곤란을 초래하는 여러 가지 사고에 대해 일정한 급여를 행함으로써 피보험자의 생활안정을 도모하는 강제성 보험제도로, 독일의 비스마르크(Bismarck)에 의한 질병보험에서 비롯되어 각국에 보급되었다.

사회보험은 산업재해보상보험, 건강보험, 실업보험, 연금보험의 네 종류로 대별되고, 급여는 일정한 기준에 따라 획일적으로 정해져 있으며, 비용은 피보험자의 보험료를 중심으로 하되 사업주와 국가도 경비를 부담한다.

◗ 독일의 비스마르크 사회보험

독일의 비스마르크가 당시의 경제불안과 노동자의 빈곤 문제를 해결하고, 사회주의의 확산을 막기 위해서 '사회주의자진압법'과 함께 '질병보험(1883)', '노동재해보험(1884)', '노령폐질보험(1889)'을 제정한 것이 최초의 사회보험 제도이다.

◗ 미국의 사회보장법 제정

1920년대에 눈부신 번영과 부를 축적한 미국에 경제대공황(1929)이 밀어닥치자 단 4년 만에 제조업의 생산량은 반토막이 나고, 실업자 수는 2백만에서 천 6백만 명으로 증가하여 전체 노동인구의 약 1/4이 실업자가 되었다.

경제적인 위기를 한 번도 겪어보지 않았던 미국은 사회복지제도가 미비하였고 개인주의적인 사상 때문에 국가가 개인의 생활에 간섭한다는 것은 있을 수 없는 일이고, 빈곤을 태만이나 악덕과 동일시하였다.

그러나 대공황으로 거의 모든 노동자들이 빈곤에 허덕이게 되자 미국인들의 생각이 180도로 바뀌는 계기가 되었다. 1933년에 취임한 루즈벨트 대통령이 뉴딜정책을 선포하고, 연방긴급구호법을 제정하여 인구의 약 1/6이 구제를 받게 되었으며, 1935년에 사회보장법을 제정하게 되었다.

미국의 사회보장법은 연방정부가 관장하는 노령보험, 주정부가 관장하고 연방정부가 재정을 보조하는 실업보험, 그리고 공공부조와 사회복지서비스로 구성되어 있다.

미국의 사회보장법은 시민의 권리가 공민권과 정치권에서 그치지 않고 복지권까지 포함된다는 것을 분명히 했다는 점에서 사회복지의 발전에 아주 큰 영향을 미쳤다.

영국의 베버리지 보고서

1941년에 영국의 경제학자인 베버리지(W. H. Beveridge)가 처칠 정부의 위촉으로 사회보장에 관한 문제를 연구 · 조사한 보고서로, 제2차 세계대전 후 유럽과 미국의 사회보장정책에 커다란 영향을 끼쳤다.

베버리지 보고서는 이른바 '요람에서 무덤까지' 국민들의 사회생활을 보장한다는 복지국가 이념의 대표적인 문헌이다.

베버리지는 인간생활의 안정을 위협하는 5대 사회악으로 결핍(want), 질병(disease), 불결(squalor), 무지(ignorance), 태만(idleness)을 지적하고, 다음과 같은 사회보험의 6원칙을 제시하였다.

- 통합의 행정
- 적용 범위의 포괄화
- 기여의 균일화
- 급여의 균일화
- 수혜대상의 분류
- 수급자의 욕구충족을 위한 급여의 적정화

사. 복지국가의 발전, 위기 및 재편 단계

근대의 자유방임주의 국가는 최소의 정부가 미덕이라는 믿음 아래 국가의 역할은 국방과 치안에 그쳐야 한다는 것이 지배적인 입장이었다. 하지만 자본주의가 고도화됨에 따라 시장의 여러 가지 기능이 실패하는 현상들이 곳곳에서 나타나게 되었다. 시장의 실패는 대다수 국민의 빈곤과 경제적 불평등을 야기하고, 다수의 국민들은 최소한의 인간다운 삶으로부터 소외되어버렸다.

그래서 새로운 대안으로 국가의 기능을 확대하여 '국가가 모든 국민의 평등한 자유를 보장하고, 국민의 삶의 질을 향상시키는 것이 국가의 가장 중요한 책임과 의무라고 생각하는' 복지국가가 출현하게 되었다.

국가가 복지정책을 수행할 의무가 있다는 것을 처음으로 헌법에 규정한 것은 독일의 바이마르공화국 헌법이다. 이후로 거의 모든 국가들이 복지정책을 수행하게 되었고, 복지정책의 궁극적 목적은 국민들의 삶의 질을 향상시켜서 인간다운 삶을 살 수 있도록 국가가 보장하는 데에 있다.

이를 위해서는 국가가 국민들의 적정한 소득을 보장하고, 소득 불균형을 해소해야 하며, 국민이 건강한 삶을 영위할 수 있도록 생활환경의 개선에 힘써야 하고, 쾌적한 주거환경을 조성해 주어야 하며, 나아가 국민 개개인의 자아실현과 직업생활에 필요한 능력계발의 기회를 제공하기 위해서 교육의 기회를 확대하여야 한다.

위와 같은 국가의 의무를 수행하기 위해서 나타난 국가정책이 최저임금 보장, 의무교육 실시, 사회보험 및 공적 부조의 확대, 공공주택 보급 등이다.

◗ 복지국가의 위기

현대사회에서 복지 문제는 장애자나 저소득층의 빈곤 문제를 해결하기 위한 기초생활의 보장뿐만 아니라 전 국민이 전 생애에 걸쳐서 행복을 추구할 수 있도록 생활 수준을 향상시켜야 할 과제로 인식되고 있다.

위와 같은 이념을 추구하는 복지국가에서는 국가가 대부분의 복지를 생산할 수밖에 없고, 그러려면 복지비용이 많이 들기 때문에 세율을 높게 유지할 수밖에 없었다. 거기에다 국가에서 제공하는 복지가 증가함에 따라서 근로의욕이 약화되고, 경제적인 비효율을 초래하며, 복지서비스의 제공 과정이 관료제화되고 서비스의 질을 저하시켰다.

복지국가에서는 국민들의 국가 의존심을 조장하고, 가족의 유대감을 파괴하며, 궁극적으로는 근로·자조·경쟁에 의존하는 자본주의 체제를 위협하게 되었다. 1973년의 세계 석유파동과 경기침체로 기업의 운영이 어려워지고, 실업이 증가하고, 소비가 둔화되자 복지정책을 더 이상 유지하기 힘드는 데에도 불구하고 선거에서 표를 의식해서 복지서비스를 줄이지 못하는 지경에 이르게 되자 복지국가 위기론이 대두되었다.

◗ 복지국가의 재편

20세기에 실시된 복지정책은 사회혼란을 잠재우고 사회적 불균형을 해소하기 위해서 실시한 소득 재분배 위주의 복지정책이었다. 즉 수혜자의 노력과는 무관하게 국가가 일방적으로 혜택을 부여하는 시혜적 복지였다.

시혜적 복지정책이 시행되고 시간이 지남에 따라 국민들은 자신의 노력이 없어도 국가로부터 혜택을 받는 것을 당연한 것으로 받아들이게 되어 이른바 도덕적 해이현상이 만연하게 되었다. 또 열심히 일하는 사람이 낸 세금으로 일하지 않는 사람에게 복지혜택을 부여하는 불합리한 현상들이 나타나게 된 것이다.

이러한 불합리한 현상을 극복하려고 나타난 것이 영국의 대처리즘(1979)과 미국의 레이거노믹스(1980년)이다. 즉 중앙정부의 역할 축소, 공공지출의 삭감, 세금 감면, 민영화의 확대, 군사비의 증가, 사회복지 프로그램의 대폭적인 감축 등을 정책적으로 시행한다는 것이다. 그것은 보편적 사회복지 정책에서 선별적 사회복지 정책으로의 전환을 의미하는 것이었다.

보편적 복지의 문제점들을 극복하기 위해서 새로운 대안으로 제시된 것이 현대적 복지이다. 현대적 복지의 핵심 내용은 생산적 복지이다. 즉 국민들에게 시혜적 복지혜택을 부여하는 것이 아니라, 국민들에게 복지혜택을 부여함으로써 재활을 가능하게 하고 생산활동에 전념할 수 있도록 한다는 것이다.

생산적 복지는 복지혜택을 받는 사람에 대해 자발적 노력을 요구한다. 즉 사회적 약자에게 무조건적이고 무분별하게 혜택을 부여하는 것이 아니라, 그들이 생산활동에 참여해서 빈곤과 그들이 처한 환경을 극복할 수 있도록 기회를 제공하는 데 의미가 있다. 쉬운 말로 물고기를 잡아주는 것이 아니라 잡는 방법을 가르쳐주는 것이다.

생산적 복지는 스스로를 계발하게 함으로써 국가적으로는 사회적 약자를 보호하고 개인적으로는 삶의 질을 달성할 수 있게 한다. 생산적 복지혜택은 사회적 빈곤과 계층적 격차를 미연에 방지하는 예방적 의미도 있고, 전통적 복지가 가지고 있던 시장 저해와 사회적 비효율을 극복할 수 있는 가능성도 있다.

아. 복지다원주의와 제3의 길

복지국가에서는 국가 또는 정부가 거의 모든 복지를 생산하였지만, 복지 생산자를 여럿으로 늘려서 국가의 책임을 줄이는 것을 '복지다원주의'라고 한다.

복지다원주의는 다음과 같은 복지생산자를 국가, 시장, 자원조직, 비공식 영역의 네 가지로 늘리는 것이다.

- 국가 또는 정부가 복지에 적극적으로 개입하는 것을 줄이기는 하지만 복지서비스를 생산하는 생산자의 역할을 전혀 하지 않을 수는 없다.
- 복지서비스를 민영화하면 복지서비스에도 민간인들의 경쟁을 유도하여 궁극적으로는 시장기능을 활성화한다.
- 자원봉사자들의 조직은 공식적인 권한과 규제력이 없다는 점에서 정부와 다르다.
- 가족 · 친척 · 이웃과 같은 비공식 영역에서 복지서비스를 생산하는 것을 가능한 한 늘려나간다.

제 3의 길 또는 적극적 복지

영국의 블레어 총리가 주장한 것으로 기존의 복지국가에서 시행했던 복지는 관료성이 있고, 비효율적이며, 복지비용을 과도하게 지출하며, 도덕적 해이를 조장하므로 새로운 길로 나가야 한다는 것이다.

제3의 길 또는 적극적 복지의 특징은 다음과 같다.

- **사회투자국가**……국가가 국민들에게 경제적인 혜택을 직접 제공하지 않고, 인적 자원에 투자한다. 예를 들어 노령인구와 실업자를 노동인구로 전환시켜 생산에 참여할 수 있도록 일자리를 창출한다.
- **복지다원주의**……기존의 중앙정부 중심의 복지공급을 지양하고, 비영리 부분 · 기업 · 지방정부도 복지공급의 주체로 한다.
- **의식의 전환**……복지국가는 자원을 공유하는 것이 아니라 위험성을 공동으로 부담하는 것이다. 즉 효과적으로 위험에 대처할 수 있도록 대비

책과 자원을 공급한다.

제3의 길을 주장하는 이면에는 "복지지출이 경제성장에 직접적인 부담이 된다."는 점과 "수혜자의 의존성을 줄이고 개인의 책임을 강조하려는 의지"가 담겨 있다.

2) 우리나라의 사회복지 역사

가. 근대 이전의 사회복지 제도

고조선에서 조선까지 이어지는 약 2000년간의 근대 이전 사회에서의 사회복지는 왕에 의한 민생구휼과 민간 차원에서 행해진 상부상조적인 관행으로 나눌 수 있다.

먼저 왕에 의한 민생구휼은 나라에서 빈민을 구제해야 한다. 특히 홀아비, 과부, 고아, 무자녀 노인 등 사궁(四窮 ; 4종류의 궁핍한 사람이란 뜻)들에게는 다음과 같은 구휼을 베풀었다.

- 각종 재해로 인해 빈곤한 백성에게 정부에서 비축하고 있던 관곡을 배급하여 구제하였다.
- 사궁을 구제하기 위하여 왕이 친히 이들을 방문해서 위로하고, 의류·곡물·관제 등을 주어 구제하였다.
- 재해로 피해를 입은 지역의 주민들에게 재해의 정도에 따라 세금을 감면해주었다.
- 춘궁기에 백성들에게 대여한 곡식을 가을에 거두어들일 때 흉년이 들어서 어려우면 원본과 이자를 감면해주었다.

- 천재지변과 같은 재난이 닥치는 것은 왕이 잘못하였기 때문에 신이 노한 것이라고 생각해서 죄인을 석방하거나 죄를 경감해주었다.
- 고구려의 고국천왕이 진대법을 시행하였고, 그 제도를 고려에서는 의창, 조선에서는 환곡 또는 사창이라 하여 계속 연결되었다. 진대법이란 가난한 사람들에게 봄에 관곡을 빌려주었다가 가을에 거두어들이는 제도이다.
- 조선에서는 상평창 제도를 시행하였다. 상평창 제도란 국가에서 보유한 곡식을 민간인에게 팔거나, 정부가 민간인들로부터 곡식을 사들임으로써 물가를 조절함과 동시에 가난한 사람을 구제하는 제도이다.
- 조선시대에는 혜민국을 두어 백성들의 병을 치료해주었다.
- 두레 : 촌락단위에 조직된 농민들의 상호협동체
- 계 : 공익, 산업, 영리, 친목, 공제 목적의 모임
- 품앗이 : 부락 내 농민들이 노동력을 상호 차용 또는 교환하는 조직
- 조선시대의 향약 : 지역사회의 발전과 지역주민들의 순화 · 덕화 · 교화를 목적으로 한 지식인들 간의 자치적인 협동조직

나. 해방 이후 사회복지제도의 발전

일제강점기에도 사회복지제도가 있었지만 국민의 안녕을 위해서 실시한 사회복지제도가 아니고, 식민지를 통치하는 수단의 하나로 은혜 또는 자선을 베푸는 척함으로써 자기들에게 충성을 하도록 만들 목적으로 시행되었다.

해방 이후에는 3년 동안의 미군정을 거치면서 서구의 선교단체들과 원조단체들이 자발적으로 사회복지 사업을 전개해오다가 1950년에 원조단체한국위원회(Korean Association of Voluntary Agencies)를 결성함으로써

교육, 보건, 구호, 사회개발, 사회복지 사업을 체계적으로 전개하게 되었다.

- 근대적 의미에서 우리나라의 사회복지는 1948년 정부수립과 함께 선포된 헌법에 국민에 대한 국가의 보호를 명시함으로써 사회복지 실현의 근거를 마련하였다.
- 1947년에 이화여자대학교에 우리나라 최초의 사회사업 교육기관인 기독교사회사업학과가 설치된 이후 중앙신학교(1953)와 서울대학교(1957)에도 사회사업학과가 개설되었다.
- 제3공화국에서 제5공화국까지의 박정희 정부에서는 공무원연금법(1960), 생활보호법(1961), 아동복리법(1961), 군사원호보상법(1961), 재해구호법(1962), 사회보장에 관한 법률(1963), 산업재해보상법(1963) 등을 제정하여 근대적인 사회복지의 초석을 다졌다. 그러나 국가의 경제발전 정책에 밀려서 국민들에게 사회복지의 실질적인 혜택은 거의 주지 못하였고, 수출 주도형 정책으로 저임금, 저곡가, 서민층 소외, 빈부격차 심화, 지역 간 불균형적인 발전, 사회 정치적 문제 등 많은 사회문제에 봉착하게 되었다.
- 1970년대에 들어와서는 사회복지사업법(1970)과 의료보호법(1977)이 제정되어서 진정한 의미의 사회복지 개념이 도입되었고, 새마을운동이 전개되면서 농촌의 근대화가 이루어졌다. 1970년대 이후에는 우리나라의 경제가 급속하게 발전됨에 따라 외국의 자선단체와 원조단체들이 철수하기 시작함으로써 외국의 원조에 의존하던 사회복지 사업을 국가가 담당할 수밖에 없게 되었다.
- 1980년대 초에 시작된 전두환 정부에서는 '복지사회의 건설'을 주요 국정지표로 정하였다(헌법에 국가의 사회복지 증진 의무를 최초로 규정). 이때 아동복지법(1981), 노인복지법(1981), 심신장애자복지법(1981)

등 수많은 사회복지와 관련된 법률들이 제정되었지만, 대부분 선언적인 의미에 그쳤고 실질적으로 사회복지에 공헌한 것은 거의 없었다. 그러나 1987년에 사회복지 업무를 전담하는 공무원을 채용한 것은 우리나라 사회복지사업의 발달에 큰 획을 그은 것으로 평가받고 있다.

- 노태우 정부에서는 국민연금제도 실시(1988), 최저임금제도 도입(1988), 의료보험 실시(1988), 모자복지법 제정(1989), 영유아보육법 제정(1991) 등을 통해서 우리나라의 사회복지제도를 개선하거나 보완하였다. 특히 근로자의 최소한의 생계 보호를 위하여 일정 수준의 최저임금을 정하고 기업주로 하여금 그 금액 이상의 임금을 지급하도록 법으로 강제하는 최저임금제도의 도입은 큰 성과로 꼽을 수 있다.
- 김영삼 정부에서는 고용보험법(1993), 전 국민을 대상으로 국민연금법 실시(1995), 사회보장기본법(1995), 국민의료보험 통합(1997) 등 복지정책이 확충되었다.
- 김대중 정부에서는 노사정위원회의 출범(1998), 고용보험의 확대 실시(1998), 사회복지공동모금회법(1999), 국민건강의료법 제정, 전 국민연금 실시 등을 통해서 사회안전망의 확립과 사회복지의 발전에 기여하였다.
- 노무현 정부에서는 삶의 질 세계 10위 추진, 복지 분야의 재정 비중 향상, 국민연금 개혁의 완료, 육아비용의 부모 부담 축소, 노인수발 보험의 확대 등을 통해서 사회통합형 사회복지를 추진하였다.
- 이명박 정부에서는 평생복지의 기반을 마련하고, 시장기능을 활용한 서민생활 안정, 사회적 위험으로부터 안전한 사회를 구축하는 등 능동적 복지를 추진하였다.
- 박근혜 정부에서는 생애주기별 맞춤형 복지, 자립을 지원하는 복지체

제 구축, 서민생활 및 고용안정 지원, 저출산 극복과 여성의 경제활동 확대 등을 통한 맞춤형 고용복지를 추진하였다.

4. 사회복지정책의 이론

사회복지정책이 수립되는 과정에 대한 이론은 다음과 같다. 이 이론들은 사회적 · 정치적 · 경제적 변화에 따라서 부침을 계속하면서 발전되어 왔다.

1) 산업화이론

이것은 기술이 발전하면서 산업화가 이루어지고, 경제가 성장하면서 생활수준이 향상되어 사회복지의 수준도 자연스럽게 발전한다는 이론으로, 윌렌스키(Wilensky)와 르보(Lebeaux)가 대표적인 학자이다.

다시 말해서 산업화는 새로운 욕구(사회적 위험, 도시화, 핵가족화 등)를 만들고, 이를 해결하기 위해서는 사회복지의 확대가 불가피하다. 그리고 산업화를 통하여 경제성장이 되면 국민들의 실질소득과 조세부담 능력을 향상시키므로 사회복지에 활용할 수 있는 재원 마련이 쉬워질 것이다.

산업화이론(logic of industrialism)을 '산업화나 경제 수준의 정도가 비슷하면 정치 · 경제 · 사회적 체제가 다르더라도 사회복지의 발달 수준도 유사한 형태로 수렴된다.'고 해서 수렴이론(convergency theory)이라고도 하고, '기술의 발전이 사회복지 정책의 발달을 결정한다.'고 해서 기술결정론

(technological determinism)이라고도 한다.

산업화이론은 복지국가의 발전을 설명한 이론 중에서 가장 먼저 등장하였다. 사회변동에 따른 사회복지정책과 제도의 변화를 포괄적이면서 거시적으로 설명할 수 있다는 장점이 있지만, 고도의 경제성장을 이룬 부유한 국가 사이에서도 사회적 분배의 정도, 즉 사회복지의 수준이 다른 이유를 설명할 수 없다는 단점이 있다.

2) 사회양심론

사회양심론(Social conscience theory)은 1950년대에 영국의 박애주의자들이 주장한 이론으로 대표적인 학자는 베이커(Baker)이다. '사회구성원들의 선한 양심의 증대가 사회복지 발전의 원동력이 되었다.'는 이론이다.

아래 그림에서처럼 복지 사각지대에 양질의 사회복지정책을 투입함으로써 이루어지는 사회복지의 발전은 사회적 의무감과 타인에 대한 사랑 등 동정주의적 사회적 양심의 증대에 의해서 가능해졌다는 것이다.

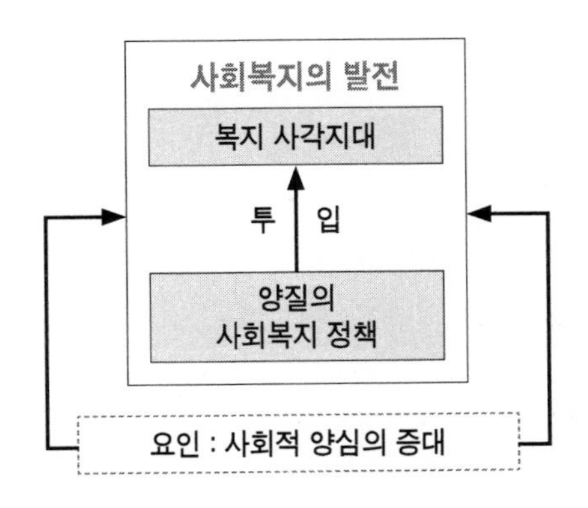

그림 사회양심론의 개념도

다시 말해서 각 개인이 가지고 있는 타인에 대한 사랑과 사회적 의무감에 의해서 사회복지정책이 발전하여 왔고, 사회는 항상 변화하는 것이므로 사회복지도 변할 수밖에 없으며, 앞으로 다가오는 사회의 사회복지는 현재의 사회복지보다 더 발전 또는 개선될 것이므로 긍정적으로 봐야 한다는 것이다.

사회양심론을 주장하는 사람들은 국가의 사회복지정책을 사회 · 정치 · 경제적 요인에 의해서 생긴 것으로 보지 않고, 국가의 동정 또는 자선활동으로 본다. 만약에 그렇다면 이 나라이든 저 나라이든 사회구성원들의 양심은 비슷할 것이므로 사회복지도 비슷해야 하는데, 실제로는 그렇지 않다는 데에 허점이 있다.

3) 사회음모론

사회음모론(social conspiracy theory)은 자본가 등 사회의 지배계급이 자비심이 아니라 빈민을 규제하기 위해서 사회복지정책을 사용한다는 이론으로 피븐(Piven)과 클로워드(Cloward)가 주장하였다.

독일의 비스마르크가 노동자 계층의 불만을 해소하고 자신이 지향하는 사회적 질서로 노동자들을 통합시키기 위한 당근정책으로 '사회보험'을 추진한 것과, 군사 쿠데타로 정권을 잡은 군사정부가 예외없이 각종 사회복지정책을 펴는 것을 예로 들고 있다.

다음의 개념도를 보면 사회가 안정되면 사회복지정책을 축소하거나 폐지하고, 사회가 불안정해지면 사회복지정책을 새로 만들거나 확대한다는 것이 사회음모론이다. 사례들은 극단적으로 본 사회음모론이다.

사회음모론의 핵심은 사회복지정책의 혜택을 받는 노동자나 장애인 등 빈민들이 무조건 고맙게 생각하는 것이 아니라, 자신은 마땅히 혜택을 받아야

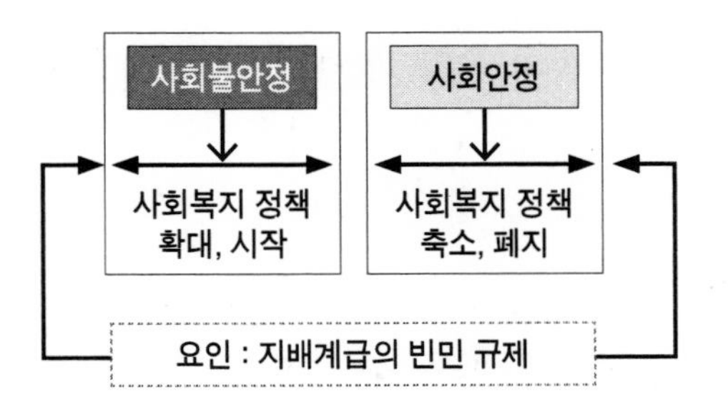

그림 사회음모론의 개념도

할 권리가 있는 데도 국가에서 조금밖에 안 준다고 생각하여 오히려 반감을 가질 수도 있다는 것이다.

4) 시민권이론

시민권이론(citizenship theory)은 공동체의 구성원에게 부여되는 권리와 권력을 향유할 수 있는 지위를 말한다.

시민권이론은 공민권, 정치권, 사회권(복지권)으로 구성된다.

- **공민권**(civil right)……법률로 개인적 자유와 평등을 보장하는 것으로 개인의 자유, 언론 · 사상 · 신앙의 자유, 재산과 계약의 자유, 그리고 정의에 대한 권리를 말한다(자유권).
- **정치권**(political right)……투표권과 공공기관에 들어갈 수 있는 권리와 같은 참정권이다. 즉 정치적 권위가 부여된 기구의 성원 또는 성원을 뽑는 유권자로서 정치권력의 행사에 참여할 수 있는 권리이다.
- **사회권**(social right)……최소한의 경제적 복지와 보장에 대한 권리, 사회적 유산을 공유하고, 사회의 통상적 기준에 따라 문명화된 삶을

향유할 수 있는 권리를 뜻하며, 교육제도와 사회복지를 말한다(복지권).

유럽에서는 18세기에 공민권, 19세기에 정치권, 그리고 20세기에 최소한의 경제적 복지와 보장에 대해 정부에 서비스 제공을 요청할 수 있는 복지권이 인정되어 단계적으로 발전하였다.

마샬은 자본주의 사회에서 발생하는 사회적 불평등과 평등주의적인 시민권이 양립할 수 있는지에 관심을 두었다. 그는 자본주의 사회에서는 개인의 노력에 대해 인센티브를 제공하여 권력을 배분하기 때문에 사회적 불평등은 필요하지만, 심할 경우 사회적 소요나 폭동이 일어날 수 있으므로 사회적 효율을 해치지 않으면서 사회적 불평등을 완화시키려는 노력이 바로 사회복지정책이라고 주장하였다.

5) 확산이론

확산이론(擴散理論, diffusion theory)은 한 나라의 사회복지정책이 다른 나라에 영향을 미쳐서 선진국에서 후진국으로, 또는 인접한 주변국가로 점차적으로 확산되어 나간다는 이론으로 타이라(K. Taira)와 콜리어(D. Collier) 등이 주장했고, 전파이론이라고도 한다.

기존 이론이 사회복지정책의 발달을 국내적인 요인으로 설명하려는 것에서 벗어나 국제적인 관계와 범위로 그 영역을 넓혀 설명하려 했다는 점에서 인정받고 있지만, 국제적인 환경변수가 사회복지정책으로 어떻게 전환되는지 구체적이고 역동적으로 설명하지 못한다는 단점이 있다.

6) 엘리트이론

엘리트이론(elite theory)은 국가뿐만 아니라 어떠한 사회조직에서도 정책은 집단 사이의 갈등이나 요구를 통해 만들어지는 것이 아니라 특정한 소수 세력 즉, 엘리트에 의해서 좌우된다는 이론으로, 19세기 말 이후에 모스카(Mosca), 미헬스(Michels), 파레토(Pareto) 등이 주장하였다.

정부 · 군대 · 경제연합조직 등 대규모 사회조직에서 조직을 이끄는 사람 또는 집단을 엘리트로 보고, 중앙 및 지방의 엘리트들로 구분한다. 엘리트는 책임 · 사명 · 능력 등 3가지 요소를 가지고 있는 소수의 창조적인 능력의 소유자를 의미한다. 이러한 소수 엘리트가 사회를 통치하고 다수인 대중들은 이들의 결정이나 의견을 따른다고 본다.

특히 엘리트들은 서로 동류의식을 가지고 서로 은밀한 관계를 유지하면서 자신들의 이익을 위해서 노력하며, 대중들에 대하여는 책임을 지지 않는 집단이라고 한다.

스포츠복지의 개념과 필요성

앞에서 사회복지의 개념과 역사에 대하여 살펴보았다. 초기의 복지국가론은 빈민구제를 통한 생존권 보장에서 출발하였으나, 현대사회에서는 생존권 보장만으로는 시민들의 다양한 욕구를 만족시킨다는 것이 불가능하게 되었다.

현대사회에서는 국가가 국민들이 행복하고 가치 있는 삶을 살아갈 수 있도록 사회권을 보장하고 삶의 질을 향상시킬 수 있도록 노력하는 방향으로 복지정책이 변화되어가고 있는 추세이다.

1. 스포츠복지의 개념

1) 스포츠복지의 정의

스포츠복지는 'sports'와 'welfare'를 합성한 용어로, 학술적으로 개념이 정립된 말이라기보다는 2000년대 이후 우리나라에서 국민의 삶의 질을 증진하기 위한 스포츠정책 사업을 추진하는 과정에서 만들어진 정책용어 내지는 행정용어이다(노용구 등, 2015).

'스포츠'의 뜻도 다양하고, '복지'의 뜻도 다양하기 때문에 두 단어를 합성한 '스포츠복지'의 의미는 더욱 더 다양하게 정의될 수 있을 것이다. 그러나 스포츠복지를 제도적으로 구현하기 위해서는 스포츠복지라는 용어의 개념과 범위, 대상 등을 명확하게 규정할 필요가 있다.

앞에서도 말한 바와 같이 '스포츠복지'라는 용어의 개념이 학문적으로 오랫동안 검증되어 정립된 것이 아니기 때문에 그 개념을 명확하게 규명하는 데에는 어려움이 있을 수밖에 없다.

그래서 노용구 등(2015) 등은 "스포츠복지 개념 및 정책방향 설정에 관한 연구"에서 ① 일반 국민을 대상으로 한 설문조사, ② 스포츠복지 수혜자(예 : 올림픽 등에서 메달을 획득하여 스포츠연금을 받고 있는 사람)를 대상으로 하는 설문조사,③ 체육 분야의 전문지식을 가진 전문가들을 대상으로 여러 번 반복하여 설문조사를 해서 전문가들의 의견을 수렴하는 델파이기법(Delphi technique)으로 조사한 결과 등을 종합하여 다음과 같이 결론을 내리고 있다.

"스포츠복지는 전 국민의 건강증진, 삶의 질 향상 및 복지사회의 구현을 목적으로 국가적 차원에서 스포츠 참여의 권리를 보장하는 사회서비스이다."

위의 정의와 함께 스포츠 향유권의 차원이 아니라 스포츠활동을 생업으로 하는 스포츠생산자(전문체육인)를 대상으로 생존권을 보장하기 위한 '체육인복지'도 스포츠복지의 범주에 포함된다는 것을 분명하게 밝히고 있다.

2) 스포츠복지의 영역

스포츠복지를 보는 시각에 따라서 스포츠복지의 영역이 달라진다.

스포츠복지는 보는 시각에 따라 다음과 같이 사회복지의 하위영역으로 볼 수도 있고, 문화복지의 하위영역으로 볼 수도 있으며, 하나의 독립된 영역으로 볼 수도 있다.

◗ 스포츠복지를 사회복지의 하위영역으로 볼 경우

로만신(Romanshyn, 1971)의 주장처럼 스포츠복지의 개념이 점차적으로 다음과 같이 변해야 할 것이다.

- 스포츠에서 소외된 계층도 스포츠에 참가할 수 있도록 제도적으로 보완해나간다.
- 시민들의 스포츠권을 인정하고 스포츠기본법을 제정한다.
- 스포츠전문인을 위한 복지에서 전 국민을 위한 복지로 전환한다.
- 최소한의 조건(수준)에서 최적의 조건(수준)으로 전환한다.
- 자원봉사에 의존하던 것을 공적인 행사로 전환한다.

◗ 스포츠복지를 문화복지의 하위 개념으로 볼 경우

이 경우에는 문화복지의 개념부터 확실히 해 두어야 할 것이다. 요사이는 '동사무소'를 '주민자치센터'라 하고, 지역의 문화와 복지 서비스를 담당하고 있는 '문화복지센터'가 동마다 1개씩 있다. '문화복지'라는 단어는 문화이론이나 사회복지학 같은 학문영역에서 발전된 개념이 아니고, 문화정책 측면에서도 국제적으로 통용되는 용어도 아니다. 다만 우리나라에서 행정용어로 사용되는 개념일 뿐이다.

1980년대에 출범한 제5공화국에서 이전까지 실시되었던 근대화를 위한 성장 위주의 정책이 빈부격차와 사회적 · 정치적 불안이라는 문제를 낳았다고 보고, 헌법에 문화 관련조항을 만들어서 국가 주도의 삶의 질 개선과 문화예술 발전 지원이라는 기풍을 세운 이후 노태우, 김영삼, 김대중, 노무현, 이명박, 박근혜 정권에서 문화정책을 계승함으로써 문화를 국가발전의 핵심동력으로 삼았다.

- **헌법 제9조** 국가는 전통문화의 계승 · 발전과 민족문화의 창달에 노력하여야 한다.
- **헌법 제10조** 모든 국민은 인간으로서의 존엄과 가치를 가지며, 행복을 추구할 권리를 가진다. 국가는 개인이 가지는 불가침의 기본적 인권을 확인하고 이를 보장할 의무를 가진다.

그리고 지난 2013년 12월 30일 국민이 누려야 할 문화적 권리를 보장하고 문화의 가치를 사회 영역 전반에 확산시키기 위해 '문화기본법'이 제정 · 공포되었다. 문화기본법에서는 문화 진흥을 위한 분야별 문화정책을 단계별로 제시하고 있다.

- **문화기본법 제1조(목적)** 이 법은 문화에 관한 국민의 권리와 국가 및 지방자치단체의 책임을 정하고 문화정책의 방향과 그 추진에 필요한 기본적인 사항을 규정함으로써 문화의 가치와 위상을 높여 문화가 삶의 질을 향상시키고 국가사회의 발전에 중요한 역할을 할 수 있도록 하는 것을 목적으로 한다.
- **문화기본법 제2조(기본이념)** 이 법은 문화가 민주국가의 발전과 국민 개개인의 삶의 질 향상을 위하여 가장 중요한 영역 중의 하나임을 인식하고, 문화의 가치가 교육, 환경, 인권, 복지, 정치, 경제, 여가 등 우리

사회 영역 전반에 확산될 수 있도록 국가와 지방자치단체가 그 역할을 다하며, 개인이 문화 표현과 활동에서 차별받지 아니하도록 하고, 문화의 다양성, 자율성과 창조성의 원리가 조화롭게 실현되도록 하는 것을 기본이념으로 한다.

- **문화기본법 제3조(정의)** 이 법에서 '문화'란 문화예술, 생활양식, 공동체적 삶의 방식, 가치체계, 전통 및 신념 등을 포함하는 사회나 사회구성원의 고유한 정신적 · 물질적 · 지적 · 감성적 특성의 총체를 말한다.
- **문화기본법 제4조(국민의 권리)** 모든 국민은 성별, 종교, 인종, 세대, 지역, 사회적 신분, 경제적 지위나 신체적 조건 등에 관계없이 문화 표현과 활동에서 차별을 받지 아니하고 자유롭게 문화를 창조하고 문화 활동에 참여하며 문화를 향유할 권리(이하 "문화권"이라 한다)를 가진다.

헌법이나 문화기본법에 '스포츠'라는 단어가 구체적으로 언급되지는 않았지만 전통문화, 민족문화, 행복추구권, 삶의 질 향상, 교육, 환경, 여가, 생활양식, 공동체적 삶의 방식, 가치체계 등이 스포츠와 관련이 깊기 때문에 스포츠도 하나의 문화로 보는 것이 통설이다.

그러므로 문화기본법 제4조에서 규정하고 있는 '문화권' 안에 '스포츠권'이 포함된 것으로 보아야 하고, 모든 국민은 스포츠활동에서 차별을 받지 아니하고 자유롭게 스포츠활동에 참여하여 스포츠를 향유할 권리가 있는 것이다. 즉, 스포츠복지의 영역이 모든 스포츠활동으로 확대되는 것이다.

스포츠복지를 하나의 독립된 영역으로 볼 경우

노용구 등(2015)의 연구 결론 부분에 이에 관한 설명이 잘 되어 있다. 그 내용을 간추리면 다음과 같다.

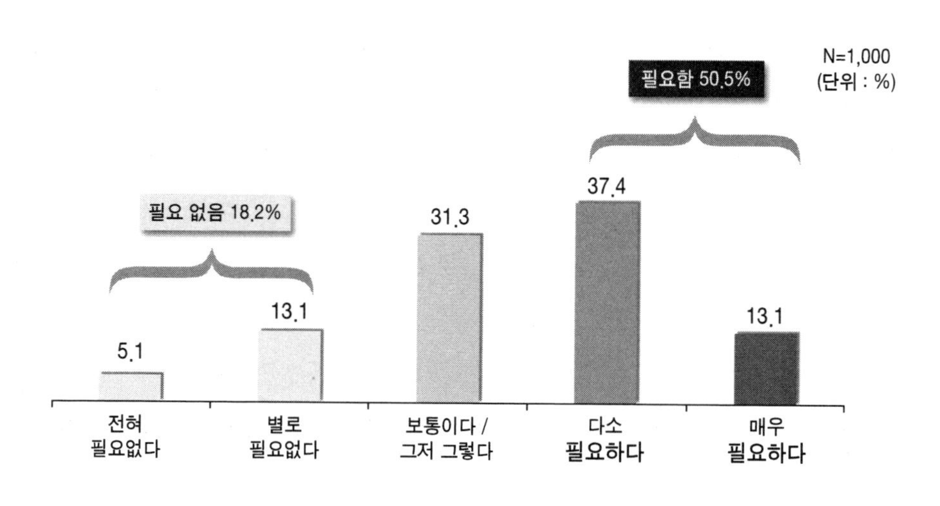

그림 전문체육인 대상 스포츠복지정책의 필요성

스포츠복지가 "기존의 체육인복지 내지 생활스포츠 활성화정책, 또는 복지정책의 하위 영역"이라는 인식에서 탈피하여 새로운 스포츠복지의 영역을 구축해야 한다. 즉 복지정책에서 개인의 다양한 욕구를 기반으로 하는 주거복지, 의료복지 등과 같이 스포츠활동을 보장하는 스포츠정책에서 스포츠권을 존중하고 자기실현의 욕구를 해소하기 위한 스포츠복지 영역이 현실적으로 존재한다.

따라서 스포츠복지가 국민의 기본권으로 수용되고, 스포츠기본권을 바탕으로 하는 법적제도를 구축해야 하며, 선별적 복지에서 보편적 복지로 점진적으로 확장해야 한다. 또한 기존의 엘리트체육, 학교체육, 생활체육, 장애인체육 영역으로 구성되어 있던 체육을 유기적으로 연계한 스포츠복지를 구현해야 한다.

노용구 등(2015)의 연구에서 델파이조사를 통하여 전문가들의 의견을 수렴하는 과정에서 '스포츠복지의 목적'으로 거론된 내용들을 정리하면 다음과 같다.

- 사회통합을 위하여
- 건강증진을 위하여
- 스포츠에 참가할 수 있는 권리를 제공하기 위하여
- 삶의 질을 향상시키기 위하여
- 복지적 차원에서
- 총체적 건강보장을 위하여
- 최저한도 이상의 삶을 향유하기 위하여

3) 스포츠복지의 대상

스포츠복지의 대상은 크게는 일반국민 전체가 되고, 작게는 스포츠 취약계층(아동, 청소년, 노인, 장애인)이 될 것이다. 노용구 등(2015)의 연구에

스포츠복지의 대상

영역	추진사업	대상	목표
경제적 약자	스포츠 바우처	• 기초생활 수급자 • 최상위 계층 • 임대주택 거주자	• 스포츠 관람 및 참여 기회 제공
사회적 약자	• 스포츠 강사 지원 • 스포츠 복지서비스사업	• 사회복지시설 수용자 (청소년, 아동, 여성, 노인, 장애인, 새터민, 군인, 다문화 가정, 이주민, 외국인 노동자)	• 스포츠 관련 교육기회 제공 • 스포츠 양극화 해소 • 스포츠 접근성 강화
일반	• 스포츠 프로그램 지원 • 스포츠 문화체험	• 학생 • 성인	• 스포츠 복지 확대 • 스포츠 체험 확대
전문인	• 스포츠 과학 지원 • 스포츠 분야	• 전문체육인	• 전문체육인의 생존권 보장 • 스포츠복지의 확대

서 선행연구 결과, 설문조사 결과, 델파이조사 결과, 전문가회의 결과를 종합하여 스포츠복지의 대상을 '전 국민'으로 확정하였을 때 스포츠복지 사업과 그 대상은 앞의 표와 같이 나타났다.

스포츠복지의 지원 형태는 지금까지의 지원이 '스포츠 기반시설을 확충하고 운영하는 것'이었다면 앞으로는 '스포츠문화 나눔 사업의 활성화, 스포츠복지사를 통한 스포츠의 양극화 해소, 스포츠문화의 향유' 등으로 전환할 것을 원하고 있었다.

마지막으로 스포츠복지의 대상 중에서 먼저 혜택을 주어야 한다는 우선순위는 아동 · 청소년(35.8%), 저소득층(32.3%), 노인(15.1%), 장애인(11.7%), 여성(2.5%), 다문화가정의 순으로 나타났다.

2. 스포츠복지의 필요성

1) 삶의 질과 스포츠

우리나라가 경제적으로 어려웠던 시절에는 빈곤으로부터의 탈출 내지 물질적 풍요로움이 삶의 질을 판단하는 잣대였다고 한다면, 오늘날에는 정신적 · 문화적으로 풍요로움이 삶의 질을 판단하는 잣대가 되고 있다.

스포츠 또는 운동이 현대인의 삶의 질을 향상시키는 데에 어떠한 역할을 하는지 알아보아서 중요한 역할을 하고 있다는 것이 밝혀진다면 삶의 질을 향상시키기 위해서 스포츠복지가 반드시 필요하다는 것이 증명되었다고 할 수 있다. 운동과 스포츠가 현대인의 삶의 질 향상에 기여하는 역할은 다음과 같다.

첫째, 운동과 스포츠는 건강 증진으로 삶의 질 향상에 이바지하고 있다.

운동이 건강을 위해서 반드시 필요하다는 것을 모르는 국민은 없을 것이다. 다만 운동을 매일매일 하고 있는 사람도 있고 운동을 하고 싶어도 여러 가지 사정상 못하는 사람이 있을 뿐이다. 그렇다면 사정상 운동을 하지 못하는 사람도 운동을 할 수 있는 여건을 만들어주려고 국가가 노력해야 할 의무가 있는 것이 아니겠는가?

병원에서 의사가 약을 처방해주면서도 무슨 운동을 하면 병의 치료나 건강 회복에 도움이 된다는 말을 곁들이는 경우가 많다. 이것은 운동이 건강에 유익하다는 증거가 아니겠는가! 운동은 운동선수만이 하는 것이 아니라 국민 누구나 할 수 있고 또 반드시 해야 하는 것이다.

우리나라 국민의 평균수명이 남자 80세, 여자 85세라고 한다. 우리나라 국민이 이렇게 장수할 수 있는 이유 가운데 가장 중요한 것이 운동이나 스포츠를 통해서 체력을 단련하고, 건강에 대한 국민들의 관심과 상식이 늘어서 운동요법이나 식이요법을 이용해서 건강을 돌보기 때문이다.

둘째, 운동과 스포츠는 여가시간을 적절하게 이용할 수 있도록 함으로써 삶의 질 향상에 이바지하고 있다.

일하고, 먹고, 자고, 숙제하고, 집안일을 하는 데 쓰는 시간 이외에 일이 없어 남는 시간에 하고 싶은 운동을 하거나 영화나 텔레비전 등을 보는 것, 여행을 하는 것, 봉사활동을 하는 것 등이 여가활동에 해당된다.

여가는 인류 역사상 오랫동안 일부 특권 계급에 점유되어 왔었다. 예를 들어 고대 그리스의 지배자인 극소수의 자유시민들은 대다수의 노동자들이 노예노동을 해준 덕택으로 풍부한 여가를 가져 정치에 참여하고, 철학을 논하며, 연극을 감상하고, 체육활동을 할 수 있었다.

그러나 현대사회에서는 유한계급만이 여가활동을 하는 것이 아니라 대중레저 시대가 개막되었다. 여가는 단순한 '남은 시간'이 아니라 사람들의 사회적 · 문화적인 욕구를 충족시키기 위한 중요한 시간으로 평가되기 시작한 것이다. 여가를 만들어내는 것은 노동시간의 단축이지만, 여가시간은 장시간의 노동에 의한 피로나 질병을 줄이기 위한 생리적 욕구의 단계를 뛰어넘어 풍부한 문화적 생활을 추구한다는 사회적 · 문화적 필요성의 단계로 발전한 것이다.

우리나라에서도 레저 붐이 일어나 여가에 대한 관심이 급속히 증대되었다. 그것은 국민경제가 성장하고 생활 수준이 높아짐에 따라 사람들이 풍부하고 정취 있는 문화생활을 누리려는 욕구와, 복잡한 사회생활에 찌든 심신의 피로를 여가에 풀어보려는 욕망 때문이라 할 수 있다.

다양한 여가활동은 몸과 마음에 활력을 찾아주고 사람과의 관계를 더 좋게 만들 수 있다. 여가시간에 독서나 TV 시청과 같이 정적인 것만 하다보면 운동부족으로 쉽게 몸이 아프게 되기 때문에 운동을 하는 것이 좋다. 운동을 함으로써 노폐물을 배출하고 스트레스를 해소할 수 있으며 생활에 활력을 불어넣어줄 수 있기 때문이다.

특히 청소년기는 성인으로 성장해나가는 과도기적 단계이기 때문에 여가생활을 통해 체력 증진, 자아 형성, 긴장 완화, 사회적 학습 등을 하는 것이 더 중요하다. 청소년들은 여행 · 스포츠활동 · 자기계발 등 동적인 여가활동을 주로 선호하지만, 실제로는 TV 시청이나 컴퓨터 게임과 같은 정적인 여가활동을 많이 하고 있는 실정이다.

청소년들의 대부분은 학교를 다니고, 하교 후에는 학원에 가기 때문에 여가생활을 즐길 시간이 부족하고, 청소년들만을 위한 공간과 시설이 부족하여 주로 노래방, PC방, 당구장 등을 가는 게 현실이다.

세계적인 자문회사인 머서(Mercer)社에서는 해마다 세계 각 도시를 대상으로 생활환경 조사를 하여 순위를 발표하고 있다. 2017년에는 오스트리아의 빈이 8년 연속 세계에서 가장 살기 좋은 도시로 꼽혔고, 2위는 취리히, 3위는 오클랜드, 4위는 뮌헨이 차지했고, 서울과 부산은 각각 76위와 92위에 올랐다.

머서社에서 살기 좋은 도시를 선정하는 기준을 보면 정치 · 사회적 안정성, 경제 환경, 사회 · 문화적 환경, 의료 및 건강, 학교 및 교육, 공공서비스 및 대중교통, 여가, 소비재, 자연환경 등이다. 이 기준을 보아도 삶의 질 향상에 여가생활이 미치는 영향이 대단히 크다는 것을 알 수 있다. 따라서 건전한 레크리에이션과 그를 위한 환경조성 및 지도 · 계몽이 꼭 필요하다.

셋째, 운동과 스포츠는 만족감과 사회적 유대 관계를 좋게 함으로써 삶의 질 향상에 크게 기여하고 있다.

지금까지 삶의 질 향상에 대하여 많은 이야기를 했는데, 과연 삶의 질이란 무엇인지를 먼저 알아야 한다.

인간의 삶을 정의하기는 쉽지 않지만, 임상의학에서는 대개 다음과 같이 정의할 수 있다고 한다. 즉 삶이란 생명의 시작과 더불어 내 · 외의 자극을 받아 신체적 스트레스와 정신적 갈등을 겪게 되는 바, 이에 대응하여 개인은 싸우느냐 도망하느냐 또는 적응하느냐 하는 상황에 놓이게 된다. 이러한 도전과 응전의 경험을 통해 개인은 더욱 발전 성숙할 수도 있으나, 스트레스와 갈등을 이기지 못하면 결국 질병과 사망으로 고통받게 된다는 것이다.

그렇다면 '삶의 질'이란 무엇인가? 흔히 '삶의 질'은 개관적 기준에 따라 평가되고 있다. 그 기준은 정치적 자유, 경제적 풍요(수입), 기회의 공평함, 사회안전, 복지와 의료시설의 수준, 수명, 의무교육 수준과 교육환경, 대중교통시설, 쾌적한 환경, 여가생활 등이다.

인간을 생물적 · 정신적 · 사회적 존재로 본다면, 이 모든 영역에서 개관적으로나 주관적으로나 만족스러운 삶을 살아야 할 것이다. 즉 신체적으로 건강하고, 질병이나 고통이 없는 삶, 정신적으로도 행복하고 고통이 없고 인정과 사랑을 받는 삶, 사회적으로도 윤택하고 높은 지위와 명예 · 여가를 누리는 삶, 그리고 영적으로도 풍부한 삶을 살아야 할 것이다.

그런데 영국의 한 조사에서 "삶의 질을 어떻게 생각하는가?"라는 질문에 대한 사람들의 응답은 다음과 같았다고 한다.

- 첫 번째는 행복한 결혼생활, 기쁨이 넘치는 가정생활, 애정 있는 가족유대
- 두 번째는 내가 갖고 있는 것에 대한 만족(만족감의 달성)
- 세 번째는 좋은 이웃을 갖는 것, 의지할 수 있는 친구를 갖는 것(사회적 관계)

즉 소득, 생활수준, 좋은 소비재의 소유 등 기존에 삶의 질을 평가하던 것들과는 전혀 다르게 인간적인 것이 물질적인 것을 훨씬 압도하였다. 결론적으로 "주관적 행복감과 만족감, 그리고 사회적 유대가 '삶의 질'(quality of life)이란 용어를 설명하고 있다."

그래서 최근에는 다른 사람이 객관적으로 삶의 질을 평가하는 것(국가, 사회, 회사 등이 소속원에게 무엇을 제공해주고 있는가를 평가하는 것)보다는 자신의 삶에 대한 주관적인 만족도가 더욱 강조되고 있다. 제 3자적 입장에서 평가되는 삶보다는 개인이 얼마나 스스로의 삶이 만족스럽다고 지각하고

있는지가 보다 큰 관심의 초점이 되는데, 이것이 삶에 대한 평가의 준거가 되어가고 있다.

이상에서 알아본 바와 같이 삶의 질을 평가하는 기준이 주관적인 만족감과 사회적 유대라고 한다면 운동 또는 스포츠가 삶의 질 향상에 이바지하고 있는가?

체육원리에서 체육의 가치 또는 스포츠의 가치를 배울 때에 제일 먼저 나오는 것이 운동을 하면 기분이 좋아지고 성취감을 느낄 수 있어서 자긍심·만족감·행복감 등이 길러진다는 것이었고, 두 번째로 나오는 것이 친구들과 놀고 운동하면서 상대의 입장에서 생각할 수 있는 기회가 많기 때문에 사회성이 길러진다고 하지 않았던가!

현대적인 삶의 질 평가 기준을 따른다면 운동과 스포츠보다 삶의 질을 향상시키는 데에 크게 기여하는 것은 없을 것이다. 그러므로 삶의 질 향상을 위해서 스포츠복지가 반드시 필요하다.

2) 사회권과 스포츠권

가. 자유권과 사회권의 구분

기본적인 인권을 '자유권적 기본권'과 '생존권적 기본권'으로 나누는데, 편의상 '자유권'과 '사회권'이라고 부른다.

먼저 자유권적 기본권(자유권)은 1948년 12월 제3차 국제연합총회에서 채택된 '세계 인권선언'으로 전문과 본문 30개 조로 되어 있다. 그중 제21조까지는 자유권적 기본권에 관한 규정이고, 생존권적 기본권(사회권)에 관해서도 상세한 규정이 마련되어 있다.

자유권은 국가에 대해 어떤 행위를 요구할 수 있는 적극적인 권리가 아니라 국가가 불법적이고 부당하게 개인의 생명과 재산을 침해할 수 없도록 보장하는 소극적 권리이다. 자유권에는 신체의 자유, 사회 · 경제적 자유, 정신적 자유, 정치적 자유 등이 있다.

생존권적 기본권(사회권)은 1966년 12월 제21차 국제연합총회에서 채택한 '경제적 · 사회적 · 문화적 권리에 관한 규약'이다. 이것은 복지국가의 이념에 바탕을 두고 국가의 적극적인 행위에 의하여 개인의 생존을 확보하며, 행복한 생활의 실현을 도모하기 위한 규약이기 때문에 '생존권적 기본권', '사회권적 기본권' 또는 '사회권'이라고 부른다.

경제적 · 사회적 · 문화적 권리는 국제적 조약 형식을 취하고 있기 때문에 각 나라가 그 나라의 국내사정 등에 비추어 점진적으로 실행에 옮길 것을 예정하고 있으며, 사회권은 실질적 평등과 분배의 정의를 국가가 실천할 것을 국민이 요구할 수 있는 적극적인 권리이다. 즉 현대의 사회주의 복지국가에서 국민이 국가에 대하여 인간다운 생활을 할 수 있는 데에 필요한 조건들을 갖추어 줄 것을 요청할 수 있는 권리이다.

나. 사회권과 스포츠권

경제적 · 사회적 · 문화적 권리 즉, 사회권에는 노동권(일할 권리)과 여가권(노동에서 벗어나 자유롭게 쉴 수 있는 권리), 사회보장을 받을 권리, 생활수준의 유지 등에 관한 권리, 신체적 · 정신적 건강과 의료 보장의 권리, 교육에 대한 권리, 과학문화의 보존 · 발전 · 보급에 대한 권리와 정보에 관한 권리 등이 규정되어 있다.

첫째, '근로권'이라고도 하는 노동권은 "노동을 할 능력이 있는 자가 노동을 할 기회를 요구할 수 있는 권리"를 말한다.

노동권을 보는 시각에는 ① 국가에 대한 구체적인 취로 청구권이라고 하는 견해도 있고, ② 구체적 청구권은 아니지만 취로의 기회가 부여되지 아니한 자에게는 필요한 생활비를 지급해야 한다는 입장도 있으며, ③ 국가가 국민의 취로 기회를 보장하도록 요구할 수 있는 권리라는 입장도 있다.

우리나라의 헌법에서는 노동권을 구체적인 취로 청구권이라고 볼 수는 없고, ②의 입장에서 노동권을 보장하는 것으로 고용 증진 · 적정임금 보장 · 해고의 자유 제한 등의 제도적 장치를 규정하고 있다.

우리나라의 헌법에서 규정하고 있는 "취로의 기회가 부여되지 아니한 자에게는 필요한 생활비를 지급해야 한다."는 입장에서 보더라도 모든 국민이 스포츠를 할 수 있는 스포츠권이 있고, 스포츠를 할 기회가 부여되지 아니한 자에게는 최소한의 스포츠권을 국가가 보장하여야 한다.

둘째, 우리나라에서는 사회보장을 받을 권리가 있다.

헌법 제34조에 "모든 국민은 인간다운 생활을 할 권리를 가진다. 국가는 사회보장과 사회복지의 증진에 노력할 의무를 진다. 또 국가는 노인과 청소년의 복지향상을 위한 정책을 실시할 의무를 진다. 신체장애인 및 질병 · 노령 기타의 사유로 생활능력이 없는 국민은 법률이 정하는 바에 의하여 국가의 보호를 받는다. 국가는 재해를 예방하고 그 위험으로부터 국민을 보호하기 위하여 노력하여야 한다."라고 규정하고 있다.

현대생활에서 인간다운 생활을 하려면 반드시 스포츠가 있어야 하므로 국가는 스포츠 복지의 향상에 힘써야 할 의무가 있고, 신체장애인 및 질병 · 노령 기타의 사유로 스포츠 능력이 없는 국민은 국가로부터 스포츠권을 보호받아야 한다.

셋째, 우리나라 국민은 신체적 · 정신적 건강과 의료 보장의 권리가 있다.

의료보장은 인간을 질병의 위험으로부터 구제하고 국민의 생존권을 보장한다는 사회복지 정책의 근본이념에 그 기초를 두고 있는 것으로, 건강보험과 의료보호로 구성되어 있다.

인간을 질병의 위험으로부터 구제하고 국민의 생존권을 보장하기 위해서는 스포츠 또는 운동이 절대적으로 필요하므로 스포츠권을 보장받을 권리가 있다.

넷째, 문화생활에 대한 권리, 교육에 대한 권리, 과학문화의 보존 · 발전 · 보급에 대한 권리 등을 합한 '문화권'이 있다.

1975년 유네스코총회에서 문화생활에 참가하고 기여를 촉진하는 권고안이 채택됨으로써 문화권을 사회복지의 공공부문으로 인식하게 되었다.

우리나라에서는 문화의 가치와 위상을 높여 문화가 국민의 삶의 질을 향상시키고 국가 사회 발전에 중요한 역할을 할 수 있도록 하는 것을 목적으로 하는 문화기본법이 2013년 12월에 제정 · 공포되었다. 문화생활을 누리고 싶어 하는 국민적 욕구가 폭발적으로 생겨나면서 공공영역이 이러한 욕구를 적극적으로 수용한 것이다.

스포츠는 정신적 · 문화적 욕구를 충족시키고, 나아가 개인과 사회의 신체활동과 스포츠에 대한 욕구를 충족시키므로 문화권의 입장에서 보아도 국민의 스포츠권이 보장되어야 한다.

3) 21세기 스포츠선언

제8회 유럽 스포츠각료회의에서는 21세기 스포츠의 가장 중요한 역할로 건강(health), 사회화(socialization), 경제(economy)를 지목하고, 그 구체적인 내용을 5가지로 선언하였다.

- 스포츠는 사회의 건강과 복지향상을 도모한다.
- 스포츠는 모든 사람에 대하여 교육과 사회화의 중요한 요소로 기능하고, 개인의 즐거움과 사회적 관계, 융합이라는 귀중한 기회를 제공한다.
- 스포츠는 매우 자발적인 단체 활동으로 활력이 넘치는 시민에 의해 민주사회의 발전과 유지에 기여한다.
- 스포츠는 여러 나라의 경제활동에 매우 중요한 역할을 하여 경제발전에 기여할 가능성을 내포하고 있다.

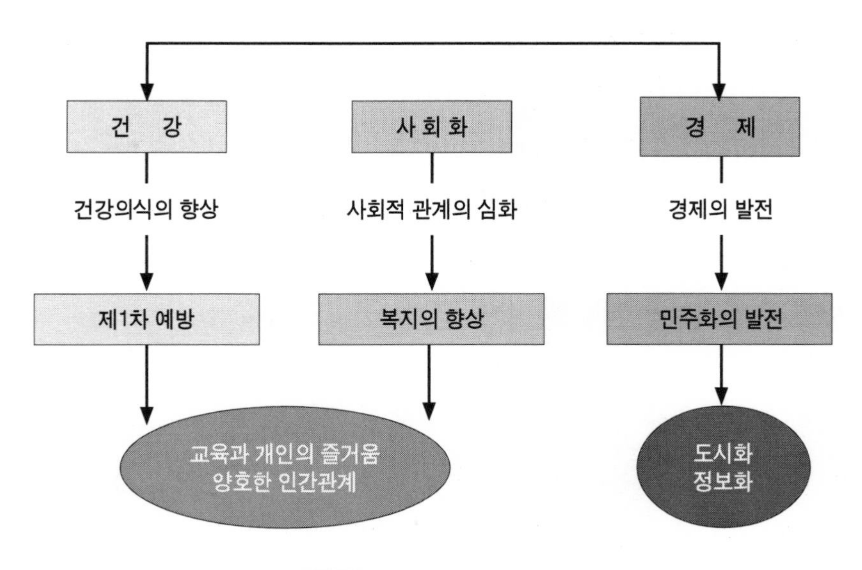

그림 21세기 스포츠선언

- 스포츠는 우리 사회에서 없어서는 안 될 파트너이며, 이후의 정책 결정, 특히 건강과 사회 · 경제정책에 관련한 분야에서 불가결한 요소로 중시되어야 한다.

21세기에는 스포츠의 역할이 위와 같이 증차대해진다는 것은 스포츠권과 스포츠복지의 필요성을 대변해줄 뿐만 아니라 앞으로 스포츠 복지정책의 방향을 제시해주었다는 의미에서 의의가 크다.

4) 스포츠법

현대사회에서 스포츠는 인간의 삶에 매우 커다란 영향을 미치고 있다. 과거 어린이들의 장래 희망이 정치인이나 군인이었던 것이 지금은 스포츠인 혹은 연예인으로 바뀐 것이 이러한 현상을 잘 말해주고 있다. 현대사회에서 스포츠가 문화의 한 축을 담당하고 있다는 것은 누구도 부인하지 못할 것이고, 스포츠활동이 우리의 경제에 미치는 역할은 더 이상 강조할 필요조차 없어졌다.

스포츠는 이제 우리들의 삶에서 뗄래야 뗄 수 없는 필수사항이 되었다. 그럼에도 불구하고 스포츠활동이 법의 관심 밖에 방치되고 있는 것이 현실이고, 스포츠의 활성화라는 이유로 스포츠선수의 기본권을 제한하고 침해하는 것을 당연시되고 있는 것도 현실이다.

이제 스포츠는 개인적 · 육체적인 건강의 증진과 취미의 영역에 머무르지 않고 사회적 · 국가적 차원에서 그 중요성이 더욱 높아지고 있다. 특히 월드컵경기나 올림픽경기 등 국제경기가 많아짐으로써 국제적인 문제가 되었으며, 국경을 넘어 세계인이 모두 관객이 되어 함께 즐기는 생활의 일부가 되면서 국가 정책적으로도 스포츠가 중요한 위치를 차지하게 되었다.

스포츠가 단순한 취미활동이나 여가선용으로 활용된다면 호의관계로 처리하면 될 것이므로 심각한 법률문제는 발생하지 않을 것이다. 그러나 스포츠가 사회적 · 경제적 · 문화적으로 부가가치가 높아지고, 스포츠를 둘러싼 갈등과 대립이 일어나게 됨으로써 이러한 분쟁을 합리적으로 해결하기 위해서는 스포츠법의 정비와 연구가 절실히 필요하다.

스포츠법은 스포츠에 내재하는 자치규범과 스포츠를 둘러싼 외부적인 법적 규범의 총체이다. 내부적인 자치규범에는 경기규칙, 대회규정, 참가자격 등이 포함된다. 또한 외부적인 규범에는 스포츠기본권의 보장과 스포츠행정 및 정책에 관한 공법적인 문제, 스포츠 관련 계약과 스포츠 사고의 위험에 대한 책임 등에 관한 사법적인 문제, 스포츠 범죄와 형벌에 관한 형사법적인 문제, 스포츠의 국제교류와 분쟁에 관한 국제법적인 문제 등이 포함된다.

우리나라의 헌법에는 스포츠기본권에 관한 직접적인 명문규정이 없다. 그러나 문화국가의 원리에 의하여 스포츠권을 보장하고 있다고 주장하는 학자들도 있다. 그런 학자들에 의하면 “모든 국민에게 스포츠의 자유와 평등이 보장되고, 스포츠를 보호 · 육성 · 지원하기 위한 정책을 수립하여 인간다운 생활을 영위할 수 있는 환경을 만들어야 할 책무를 국가가 지고 있다.”는 것이다.

또한 스포츠는 인간의 존엄과 가치를 보장하기 위해 필요한 문화의 중요한 부분이다. 헌법 제10조에 “모든 국민은 인간으로서 존엄과 가치를 가지며, 행복을 추구할 권리를 가진다.”고 선언하고 있으므로 “스포츠권은 행복추구권의 일환으로 보장되는 헌법상의 기본권이다.”고 할 수 있다.

스포츠인의 자유로운 활동을 보장하는 헌법상 규정은 신체의 자유권에서 찾을 수 있고(헌법 제12조 제1항), 스포츠협회와 스포츠연맹 등 단체의 조직과 활동에 관하여는 집회결사의 자유권(헌법 제21조 제1항), 스포츠를 직업으로 하는 자에게는 직업선택의 자유권(헌법 제15조)과 근로의 권리 및 노동

3권(헌법 제32조, 제33조), 스포츠교육에 관하여는 교육을 받을 권리(헌법 제31조)가 보장된다.

또한 스포츠는 인간다운 생활을 할 권리(헌법 제34조제1항), 보건권 · 건강권(헌법 제36조 제3항)에 따라 인간의 무한한 잠재력을 향상시키고 심신단련과 건강증진의 수단으로 활용될 수 있다.

그러나 현 단계에서는 문화민족 · 문화국가로서 스포츠기본권을 헌법에 명문으로 규정하는 것이 꼭 필요하다. 즉 모든 국민의 건강과 행복을 지켜줄 '스포츠기본권'이 헌법에 꼭 포함되어야 한다.

각국의 스포츠복지 정책

박근혜 정부에서 2013년 12월에 문화기본법이 제정된 이후에 스포츠기본법의 제정 요구가 점점 심해지자 정부출연 연구기관인 한국스포츠개발원에서 그것을 수용하여 노용구 등이 "스포츠복지 개념 및 정책방향 설정에 관한 연구"를 하게 되었다.

한국스포츠개발원에서는 그와 함께 스포츠지도사의 자격을 국가고시를 통해서 취득하도록 제도를 정비하여 2015년부터 시행하고 있고, 문재인 정부에서 헌법을 개정하기로 합의하였기 때문에 '문화권'과 '스포츠권'이 '국민의 기본권'으로 새로운 헌법에 명시될 가능성이 커졌다.

여기에서 설명하는 내용을 '스포츠복지 정책'이라고 명명한 나라는 하나도 없지만, 현재 각국에서 실시되고 있는 사회복지 정책 중에서 스포츠와 관련된 것들을 스포츠복지 정책이라고 필자가 편의상 분류한 것이다.

1. 우리나라의 스포츠복지 정책

1) 우리나라의 사회복지 정책과 스포츠복지 정책

가. 역대 정부의 사회복지 정책과 스포츠복지 정책

제1공화국과 제2공화국 시기는 일제의 강점, 태평양전쟁 그리고 미군정을 거치는 동안 피폐해진 국가경제 때문에 국민들이 연명하기도 힘들었고, 6.25 한국전쟁과 4.19 학생혁명 그리고 5.16 군사정변 등으로 정정이 불안하여 사회복지의 꿈도 꿀 수 없었던 시절이었다.

군사정변으로 정권을 잡은 박정희의 제3공화국과 유신헌법을 통하여 영구집권을 시도했던 제4공화국에서 비로소 사회복지를 위한 여러 가지 법령들을 제정하여 시행함으로써 복지국가 건설을 위한 기초가 마련되기 시작하였다.

박정희 정부에서는 '체력은 국력'이라는 슬로건 아래 "체육진흥 5개년 계획"을 수립하여 추진하는 과정에서 '국민체육진흥법'을 제정하였고, 사회체육진흥 5개년계획을 통해서 사회체육과 직장체육의 기틀을 마련하였다. 또한 학교체육을 강화하고 엘리트체육을 국가 차원에서 육성함으로써 훗날 대한민국이 체육 강국의 대열에 들어갈 수 있는 초석을 다졌다.

10 · 26사건으로 박정희 대통령이 사망한 후 전두환 등 신군부세력이 쿠데타를 일으켜 수립한 제5공화국 정부는 정당성과 도덕성이 결여되었다는 자신들의 약점을 보완할 목적으로 '복지국가 건설'을 주요 정책목표로 설정하였다.

그에 따라 국가발전 수준에 맞는 복지시책 모색, 서구적 복지국가의 병폐 예방, 자립정신에 입각한 복지정책 전개 등을 복지정책의 이념으로 삼았다.

그러나 군 출신의 중용, 부정부패와 민주화운동의 탄압, 인권유린 행위 등으로 복지국가 건설과는 거리가 먼 군사독재 정치를 하였다.

스포츠복지 정책으로는 '체육을 통한 건전한 시민육성'을 이념으로 국가대표 선수의 경기력 향상을 위한 연구, 스포츠과학 연구 수준의 제고, 1인 1기 및 1교 1기 운동을 전개하였다. 특히 1982년에는 체육부를 신설하였고, '86 아세안게임을 성공적으로 개최하였으며, '88 서울올림픽대회 유치에 성공해서 대한민국의 스포츠 발전에 큰 획을 그었다.

학생과 시민들이 주도한 6월 항쟁으로 6 · 29선언이 발표되고 대통령선거에서 노태우가 당선되어 수립된 제6공화국에서는 국민연금제도의 실시, 의료보험제도의 전 국민 확대, 고용보험제도의 도입, 사회복지서비스 관련법의 개정 등으로 사회보장 제도를 확충하는 성과를 올렸다.

스포츠복지 정책으로는 '국민생활체육진흥 종합계획(일명 호돌이 계획)'을 마련하여 실천에 옮김으로써 생활체육 시설 확충은 물론이고 각종 생활체육 프로그램의 개발과 보급, 직장체육프로그램의 개발과 보급, 국민체력 평가

국민생활체육진흥 종합계획 주요 사업

	시 설	프로그램	지 도 자
주요사업	⋯→ 생활체육시설의 확충 • 서울올림픽기념 생활관 건립 • 소규모 근린생활체육시설 건립 • 국 · 공립초등학교 내 테니스장 설치 • 광역권별 수영장 건립 • 레포츠공원 조성 ⋯→ 기존 체육시설의 활용도 제고 • 공공체육시설 활용도 제고 • 학교체육시설 개방 · 이용 확대 • 올림픽시설 개방	⋯→ 생활체육프로그램의 개발 · 보급 • 국민경기 종목의 개발 · 보급 • 계층별 생활체육프로그램 보급 • 건강생활체조 개발 · 보급 ⋯→ 전국 스포츠교실 운영 ⋯→ 직장체육프로그램 개발 ⋯→ 전국씨름왕 선발대회 개최 ⋯→ 국민체력평가대회 개최	⋯→ 생활체육지도자 양성 제도 개선

제도의 도입, 생활체육지도자 양성제도의 개선 등을 하였다. 특히 국민생활체육협의회와 지역별 생활체육협의회를 전국적으로 설치하여 우리나라의 생활체육 발전에 큰 공을 세웠다.

김영삼의 문민정부에서는 '성장 우선주의에서 벗어나 삶의 질을 높이는 생산적 국민복지'를 추진해나갈 것을 사회복지 정책의 핵심정책 과제라고 강조하였다. 문민정부에서 추진했던 주요 사회복지 정책으로는 최저 수준 보장의 확대, 생산적 복지와 공동체적 복지의 원칙 제시 등을 들 수 있다.

문민정부에서는 '제1차 국민체육진흥 5개년계획'을 수립하여 생활체육의 범국민적 확산, 엘리트체육의 지속적 육성, 국제체육협력의 증진, 체육과학의 진흥, 체육행정체제의 개선 등에 힘썼다.

제1차 국민체육진흥5개년계획 주요 정책과제

정책과제	추진내용
생활체육의 범국민적 확산	• 국민의 체육활동 참여의식 고취 • 체육활동 공간 확충 및 생활체육지도자 양성 • 국민체육활동의 체계적 육성 및 지원 • 국민건전여가 기회의 확대
전문체육의 지속적 육성	• 우수선수의 과학적 · 체계적 양성 • 국내경기대회 운영의 개선 • 우수한 경기지도 인력 양성 • 체육인 복지향상 및 체육단체의 자율성 제고
국제체육협력의 증진	• 세계 체육계에서 한국의 입지 강화 • 국제 체육교류 사업의 효율적 추진 • 체육을 통한 민족화합 도모
체육과학의 진흥	• 체육과학의 연구기반 강화 • 체육과학의 실용화
체육행정체제의 보강	• 체육행정체제의 정비 · 보강 • 체육관련 법령 및 제도의 정비

김대중의 국민의정부에서는 '생산적 복지'를 사회복지 정책의 이념으로 하고, 사회안전망의 구축에 힘썼다. 노인과 장애인 등 사회 취약계층을 위한 복지시책을 강화하였고, 근로자의 권익보호와 실업 대책을 마련하려고 애썼다.

제2차 국민체육진흥 5개년계획을 수립하여 생활체육과 전문체육의 균형적인 발전을 모색하였고, 2002 한 · 일 월드컵대회를 성공적으로 개최하였

제2차 국민체육진흥5개년계획 주요 정책과제

부문별 목표	추진내용
생활체육 참여 환경을 구축하여 지역 공동체 중심의 체육활동 여건 조성	• 지역공동체 주민활동의 장으로써 체육시설 확충 • 미참여 인구의 생활체육 프로그램 참여 확대 • 생활체육지도인력의 육성 및 활용 • 국민체력관리의 과학적 지원 • 민간주도적 생활체육 확산
세계상위권 경기력 유지 및 생활체육과 전문체육의 연계 강화	• 선수 발굴 및 육성체계의 전문성 보강 • 경기단체 자율성 제고 • 경기운영체계의 합리화 및 전산화 강화 • 스포츠클럽 육성을 통한 생활체육과 전문체육의 균형 발전
국제교류 역량강화 및 남북체육교류 촉진	• 체육교류 대상국 확대 및 교류 내실화 • 체육외교역량의 강화로 국제체육기구 내 역할 강화 • 남북체육교류 추진으로 민족화합 분위기 조성 • 국가이미지 홍보를 위한 상징종목의 세계적 보급 확산
2002 FIFA 한 · 일 월드컵축구경기대회의 성공적 개최로 국가발전의 재도약 전기 마련	• 대회준비 운영체제 구축, 경기장 등 대회시설 확보 • 경기운영, 개회식 등 대회운영 단계적 준비 • 범국민적 대회참여 분위기조성 및 전 정부적 지원
체육산업의 국제경쟁력 강화	• 체육산업의 연구 개발 • 취약지구 민간체육시설 우선 융자 지원 • 민간체육산업의 성장을 위한 규제완화 추진 • 체육서비스 소비자의 권익 및 안전보호를 위한 조치 강구
경쟁력 있는 체육과학 발전추구 및 체육행정 능률 향상	• 한국체육과학연구원(現 한국스포츠개발원) 기능 증대 • 국민체력증진 연구 및 경기력향상 연구 역량강화 • 체육부문 종합정보망 구축 및 다양한 체육정보 제공 • 체육 인력의 전문성 제고 및 지방체육조직에 전문인력 배치

고, 남북체육교류를 활발하게 전개하였다.

노무현의 참여정부에서는 '사회통합형 참여복지'를 사회복지의 이념으로 삼아 국민들의 삶의 질을 세계 10위권으로 끌어올린다는 비전을 제시하였고, 복지 분야의 재정비율을 향상시켰으며, 육아 비용과 노인 수발 부담을 줄이려고 노력하였다.

참여정부 국민체육진흥5개년계획 주요 정책과제

부문별 목표	추진 내용
생활체육 활성화를 통한 국민의 삶의 질 향상	• 주민친화형 생활체육공간 확충 • 스포츠클럽의 체계적 육성 • 체육활동 참여확대를 위한 다양한 프로그램 운영 • 과학적 국민체력관리시스템 구축 • 레저스포츠 발전방안 마련 • 생활체육지도 인력의 양성 및 활용 • 생활체육 인식 제고 및 추진체제 강화
과학적 훈련 지원을 통한 전문체육의 경기력 향상	• 우수선수의 발굴 · 육성 체계 확립 • 전문체육시설의 다기능화 · 현대화 • 체육특기자 제도개선 등 학교체육 활성화 지원 • 전문체육단체 자율성 및 재정자립 기반 강화
스포츠산업을 새로운 국가전략산업으로 육성	• 스포츠산업체의 경쟁력 강화 지원 • 스포츠산업 전문인력 양성 • 스포츠산업 진흥 관련 법적 기반 마련
국제체육교류 협력을 통한 국가이미지 제고	• 세계선수권대회 등 종목별 주요 국제대회의 유치 • 스포츠외교 전문인력 양성 • 국가 간 체육교류 · 협력 내실화 • 체육을 통한 민족화합 기반 조성 • 태권도공원 조성 추진 • 스포츠 반도핑 활동의 활성화
체육과학의 진흥 및 정보화	• 체육의 학문적 연구 활동 지원 • 체육종합정보체계 구축
체육행정시스템의 혁신과 체육진흥재원 확충	• 체육정책 추진체제의 체계화 • 국민체육진흥기금의 안정적 조성

스포츠복지 측면에서는 '제3차 국민체육진흥 5개년계획'을 추진하는 가운데 생활체육의 활성화를 통해서 국민들의 삶의 질을 향상시키려 했고, 스포츠산업을 새로운 국가 전략산업으로 육성하려 하였으며, 장애인체육을 육성하였다.

이명박 정부에서는 신정부의 출범과 함께 '문화비전 2008~2012', '문화국가 100년을 내다보는 정책'을 제시하였다. '능동적 복지'를 사회복지의 이념으로 설정하여 평생복지의 기반을 마련하려 하였고, 사회적 위험으로부터 안전한 사회를 만드는 것을 목표로 하였다.

스포츠복지 측면에서는 '국민생활체육진흥 종합계획(일명 스마일100)'을 통해서 "신나는 한국인, 스포츠로 신명나는 나라"를 만든다는 목표 아래 체육활동에 참여할 수 있는 여건을 개선하고, 체육친화적인 교육환경을 구축하며, 레저스포츠 시설과 공간을 확충하려고 노력하였다.

박근혜 정부에서는 '맞춤형 고용복지'를 사회복지 정책의 이념으로 설정하고 생애주기별 맞춤형 복지 제공, 자립을 지원하는 복지체계 구축, 고용안정 지원, 저출산 극복과 여성의 경제활동 확대 등을 추진하였다.

스포츠복지 측면으로는 "스포츠비전 2018, 스포츠로 대한민국을 바꿉니다"를 추진하면서 다음 4가지 전략을 마련하였다.

- 생활체육 활성화를 통하여 '손에 닿는 스포츠'로 도약하기 위해서 '종합형 스포츠클럽'과 '작은 체육관'을 조성하고, '국민체력인증제'를 도입해서 스포츠를 통한 건강관리를 할 수 있도록 하며, 저소득계층을 위한 '행복 나눔 스포츠교실'을 확대한다.
- '뿌리가 튼튼한 스포츠'를 만들기 위해서 체육영재 발굴을 확대하고, 꿈나무와 청소년 선수를 집중 육성하며, 국제스포츠계에서 우리나라의 입지를 강화한다.

이명박 정부의 문화비전 2008~2012 체육부분 주요 정책과제

부문별 목표	추진내용
체육활동 참여여건 개선	• 지역스포츠클럽 정착 및 활성화 • 체육인력 활용 제고 및 국민체력 향상 • 맞춤형 체육복지 구현 • 전통무예 지정 및 육성 보급 강화 • 생활체육시설의 확충 및 활용 제고 • 레저스포츠 시설 · 공간 확충
체육 친화적 교육환경 및 교육 친화적 체육환경	• 학교 기본체육활동 기반 조성 • 학교체육 활성화 프로그램 및 인력 지원 • 선수 인권보호 체계 구축 • 학생선수의 학업과 운동 병행 환경조성
함께 누리는 체육활동	• 장애인 생활체육 참여인구 확대 • 공공체육시설의 장애인 이용환경 개선 • 장애인 전문체육 경기력 향상과 체계적 관리 • 소수자 계층의 생활체육 참여 확대 및 자원봉사 활동 전개
세계 속의 스포츠한국	• 국제경기대회의 성공적 개최로 스포츠 강국 이미지 지속 • 스포츠 외교인력 양성 및 국제 활동 강화 • 태권도의 세계화 • 선진 스포츠도핑 방지시스템 확립
스포츠산업의 경쟁력 강화	• 프로스포츠 자생력 확보를 위한 스포츠 마케팅 활동 강화 • 스포츠용품 고부가가치화 및 U-스포츠 사회 구축 • 스포츠산업 전문인력 양성 · 지원체계 구축 • 민간 체육시설의 이용환경 개선
전문체육 및 국제경쟁력 강화	• 2012 런던 하계올림픽대회 대비 국가대표선수 체계적 양성 및 훈련의 과학화 • 우수선수 자원의 확대 및 육성시스템 강화 • 비인기 종목 활성화 • 스포츠 의 · 과학 및 정보지원 시스템 구축 • 육상진흥 토대 마련을 위한 추진계획 이행 • 전문체육시설 확충을 통한 훈련여건 개선
체육행정 시스템의 선진화	• 체육단체의 조직 및 기능 선진화 • 선진형 체육 법 · 제도 정비 • 부처 간 협력체계 구축 및 협력 강화

박근혜 정부의 스포츠비전 2018 세부 추진과제

전 략	세부추진과제
손에 닿는 스포츠 ⇓ '스포츠로 사회를 바꾸다'	• '종합형 스포츠클럽'을 조성하여 다양한 종목의 지도자 및 프로그램 원스톱 지원 • 체육시설 배치계획 수립 의무화로 시설배치 효율성 제고 : 기존 시설을 활용한 작은 체육관과 세대통합 및 문화통합시설 조성 • '생활체육콜센터'를 통한 원스톱 정보제공 및 '체육시설지도' 구축으로 민간에 정보개방 확대 • '국민체력인증제' 도입으로 거점체력센터에서 의료 · 영양 · 건강 · 체력 통합관리 서비스 제공 • 생활체육지도자 배치 확대 및 2015년 체육지도자 자격개편 대비 지도자 전문성 강화 • 유소년, 학생, 직장인, 노인, 여성, 장애인 등 대상 맞춤형 참여 확대 유도 및 저소득층 대상 스포츠교실 지원 확대
뿌리가 튼튼한 스포츠 ⇓ '스포츠로 국격을 바꾸다'	• 체육영재 육성 · 확대 및 꿈나무 · 청소년선수 확대 • 학생선수 수업의무화에 따른 체육중점학급 운영 및 과학적 훈련지원, 운동부지도자 교육강화, 은퇴 후 대비 진로교육 확대 • 지역별 스포츠과학 거점센터 설치로 과학화 지원대상 확대, 진천 · 태릉 · 태백선수촌 기능 특화 • 국제스포츠전문인재 양성 및 국제스포츠기구 임직원 진출 확대 • 국제경기대회 등을 계기로 남북교류 확대, 개발도상국 스포츠지원 확대 및 드림프로그램 지원 확대, 태권도 시범 파견확대 • 국제대회 유치기준 및 국고지원기준 강화 및 2018 평창 동계올림픽 등 주요 국제대회 성공개최 준비
경제를 살리는 스포츠 ⇓ '스포츠로 미래를 바꾸다'	• 개인의 스포츠활동정보 DB화 · 개방, 실감형 가상스포츠콘텐츠 개발 지원으로 융복합 시장 창출 • '개방형 중계사이트' 구축 및 컨슈머리포트 발간 • '스포츠기업 확인제' 도입, '창업지원센터' 지원 및 '일자리지원센터' 운영 • 경기장 임대, 위탁운영 및 프로시민구단 지원 법적근거 마련, 스포츠대리인제도 도입 • '명품스포츠이벤트' 선정 지원, 레저스포츠 시설 · 운영기준 마련 및 올림픽스포츠콤플렉스 조성 • 무형자산 가치평가체계 마련 및 금융기관 협약 · 대출 지원, 마케팅업 전문화 지원
공정한 스포츠 ⇓ '스포츠를 바꾸다'	• 체육, 경기단체 운영규정 전면개선 및 평가 환류 강화 • '스포츠 공정위원회(가칭)' 설치

※ 출처 : 문화체육관광부 홈페이지(2017)

- 시장경쟁력 강화를 통해 '경제를 살리는 스포츠'로 발전시키기 위해서 스포츠 창업을 지원하고, 국내 스포츠 브랜드의 시장점유율을 높이며, 다양한 스포츠 중계를 집에서 즐길 수 있도록 한다.
- '공정한 스포츠'의 토대를 만들기 위해서 경기단체와 지역생활체육회 등 스포츠행정의 근간을 개선하고, '스포츠공정위원회'를 설치하여 스포츠의 공정성을 확보하기 위한 근본적인 해결책을 마련한다.

나. 현 정부의 사회복지 정책과 스포츠복지 정책

현 정부에서는 모든 국민이 스포츠를 즐기며 건강한 삶을 누리고, 스포츠 가치를 사회적으로 확산시킴으로써 행복한 공동체를 형성하기 위한 정책의 일환으로 '2030 스포츠 비전'을 수립하였다.

2030 스포츠 비전 정책 및 방향을 다음의 표와 같다.

2030 스포츠 비전의 정책 및 방향

구분	내용			
비전	사람을 위한 스포츠, 건강한 삶의 행복			
정책 방향	[운동하기 편한 나라] 스포츠 복지는 국민의 권리이자 국가의 의무, 국민이 스포츠를 즐기며 건강하게 살 수 있도록 국가가 책임지고 지원 [스포츠클럽 시스템 정착] 스포츠클럽을 통해 생활스포츠와 전문스포츠가 선순환하는 스포츠 시스템 정착 [스포츠 가치의 사회적 확산] 공정 · 협동 · 도전 등 스포츠 가치가 국민의 삶 속에 스며들 수 있는 사회적 여건 조성			
핵심어	사람중심			
	삶의 질 향상	건강한 공동체	정의로운 스포츠	민주적 거버넌스

추진전략	핵심과제
신나는 스포츠	1. 평생동안 즐기는 맞춤형 스포츠 프로그램 2. 언제 어디서나 편하게 이용하는 스포츠 시설 3. 우수 체육지도자에게 배우는 스포츠 강습
함께하는 스포츠	4. 우리동네 스포츠클럽 5. 소외없이 모두가 함께하는 스포츠 환경 6. 남과 북이 함께 만드는 평화 스포츠 시대
자랑스러운 스포츠	7. 공정하고 도전적인 스포츠 문화 8. 국격을 높이고 우호를 증진하는 국제스포츠 9. 경제성장을 이끄는 스포츠산업
풀뿌리 스포츠	10. 민주적 거버넌스(governance)

한편 '2030 스포츠 비전' 정책을 수행하기 위한 추진전략은 다음과 같다.

- **신나는 스포츠** …… 국민 누구나 자유롭고 즐겁게 운동할 수 있는 여건을 조성하여 보편적 복지 차원의 스포츠 복지 국가 실현
- **함께하는 스포츠** …… 이웃과 함께, 지역사회가 함께, 사회적 약자와 함께, 남과 북이 함께 스포츠를 매개로 어울림으로써 사회통합을 지향
- **자랑스러운 스포츠** …… 공정 · 협동 · 도전 등 스포츠 가치의 사회적 확산으로 국민 모두가 자랑할 수 있는 스포츠 문화 형성
- **풀뿌리 스포츠** …… 신나는 스포츠, 함께하는 스포츠, 자랑스러운 스포츠 달성을 위한 추진체계로서 국민 참여 중심의 민주적 선진 스포츠행정 시스템 구축

그리고 평생 동안 즐길 수 있는 맞춤형 스포츠 프로그램과 소외없이 모두가 함께할 수 있는 스포츠 환경 조성을 위한 정책과제는 다음과 같다.

◗ 3세부터 시작하는 스포츠활동 습관화

- 시 · 군 · 구 체육회를 통해 어린이집 · 유치원 방과 후 수업의 스포츠활동에 체육지도자 파견 확대
- 스포츠친화형 어린이집 · 유치원 확인제 도입으로 스포츠활동 우수 어린이집 · 유치원 발굴 및 확산
- 유치원 · 어린이집 교사 및 파견 체육지도자의 유아 스포츠 지도전문성 향상을 위한 지도자교육 강화
- 기본 움직임기술 발달, 인성함양, 흥미유발 등을 위한 콘텐츠 개발 · 보급
- 만 3~6세 유아 스포츠활동 기초 조사 정례화(2년 주기)를 바탕으로 유아 스포츠정책 방향성 및 전략 마련

  *스포츠활동 장소 · 빈도 · 내용 · 비용, 운동발달 수준, 학부모 요구사항 등
- 초등 1~2학년 대상으로 유휴 교실 활용 및 체육지도자 파견을 통한 '(가칭) 스포츠돌봄교실' 운영
- 신체활동 중심의 놀이, 안전 교육 등 다양한 프로그램 지원을 통해, 초등 저학년 학생들의 건강한 성장을 체계적으로 지원하고 맞벌이 부모의 양육부담 경감

◗ 청소년의 스포츠 경험 다양화

- 학생별 신체발달의 특성 및 체력 · 체격 · 운동 능력 관련 정보의 통합관리 체계 구축

- 학생별 신체발달 특성을 반영하여 '체력측정→운동처방→건강관리'가 유기적으로 연결되도록 제도적 지원
- 지역 중심의 학교 스포츠클럽 리그대회(심판, 시설, 운영요원 등) 지원 확대
- 초 · 중 · 고교의 방과 후 스포츠활동 확대를 위해 지역 · 학교스포츠클럽 연계, 종목 체육지도자 등 지원 강화
- AR, VR을 활용하여 시설과 장소의 제약을 넘어 다양한 종목 도전과 체력향상 기회 제공
- 학교폭력 등 학내 문제 해결과 건강한 시민의식 함양을 위한 팀워크 중심 스포츠 프로그램 확대

100세까지 이어지는 스포츠활동 일상화

- 직장 스포츠클럽 운영을 지원하고 지역체육회 중심의 직장인 스포츠클럽리그 활성화 지원
- 국민의 스포츠 참여를 장려하기 위해 체육의 날(10월 15일), 체육 주간(4월 마지막 주)에 전국민 스포츠 축제 개최 추진
- 노년기 스포츠리그(게이트볼 등) 대회(시군구-시도-전국) 신설을 통한 삶의 활력 제고
- '정기건강검진' 결과를 토대로 맞춤형 체력관리 및 운동프로그램 설계 서비스 실시
- 국민의 운동노력 · 체력정도(국민체력인증, 스포츠클럽 활동 등)에 따른 건강보험료 할인을 위해 민간과 연계 강화 추진
- 가칭 '공공스포츠시설 멤버십' 제도를 통해 전국의 공공스포츠시설을 함께 이용할 수 있는 정책 도입

◗ 소외 청소년을 위한 스포츠 프로그램 지원

- 각 부처에서 운영하고 있는 소외 청소년에 대한 교육 · 보호 기관에 스포츠 프로그램을 지원할 수 있도록 체육단체 내 전담조직 제도 도입 검토
- 소외 청소년 맞춤형 생활기술, 인성 및 사회성을 함양할 수 있는 프로그램 개발 및 확대
- 소외 청소년 스포츠 참여의 질적 향상 및 양적 확대를 위한 스포츠 캠프 및 프로그램 지원 확대
- 국민체육진흥공단에서 시행 중인 스포츠강좌이용권 사업의 지원금을 현실화하고 수혜대상을 확대
- 소외 청소년 관련 기관을 대상으로 스포츠 관련 자격 취득 교육 개설 추진
- 소외 청소년 대상 스포츠 직업훈련프로그램(직무체험, 현장실습) 운영 및 취업 지원

◗ 장애인스포츠 서비스 편리성 강화

- 생활밀착형 장애인 전용스포츠시설을 인구밀도를 고려하여 시군구 단위로 건립, 기존 일반 스포츠시설을 장애인도 이용 가능하도록 시설 개선 병행 추진
- 현재 '찾아가는 생활스포츠 서비스'의 장애인생활체육지도자 배치 확대
- 장애 유형 및 고령 장애인의 특성을 고려한 스포츠 프로그램 개발 및 보급
- 정책대상에서 소외되었던 중증장애인(약 40만 명) 대상의 재활운동 및 스포츠 프로그램 지원 강화

- 각 부처에서 운영하고 있는 장애인 지원 기관이 운영하는 사업에 장애인체육지도자 파견 및 프로그램 지원을 위해 시 · 도 장애인체육회 내 전담 센터 제도 도입 검토
- 물리치료, 재활, 장애인스포츠 분야 통합형 지도전문인력 양성을 위한 장애인스포츠지도사 연수과정 강화

2) 우리나라 스포츠복지 정책의 분석

가. 복지정책의 분석틀

길버트(Gilbert)와 테렐(Terrell)은 사회복지 정책을 분석하는 틀로 다음 4가지 질문(차원)을 제시하고 있다(2002).

◗ 누구에게 급여를 제공할 것인가?

사회복지 정책은 주로 '의도적으로 소득을 재분배하는 문제'를 다룬다. 즉 공여자의 자선 또는 손해로 생긴 재화를 수혜자에게 나누어주는 것이다. 그때 수혜자를 누구로 할 것인가?

국민 전체를 수혜자로 정하면 보편적 복지라 하고, 특정한 소수의 사람들로 정하면 선별적 복지라고 한다. 선별적 복지의 대상자를 정하는 자격요건에는 거주여부 또는 거주기간, 기여여부, 근로능력의 유무, 소득 또는 자산의 수준, 국적 또는 연령과 같은 인구학적 조건 등이 있다. 지금까지 가장 많이 사용되었던 자격요건은 근로능력의 유무이다.

무엇을 급여로 제공할 것인가?

급여의 형태에는 현금, 현물, 증서, 기회 등이 있다.

현금으로 사회복지의 급여를 지급하면 수급자가 자기 마음대로 쓸 수 있고, 가장 효율적으로 사용할 수 있으며, 수급자의 수치심을 최소화할 수 있다는 장점이 있다. 여기에는 국민연금, 실업급여, 아동수당, 질병수당, 장애급여 등이 해당된다.

사회복지의 급여를 현물로 지급하면 다른 용도로 사용하는 것을 억제함으로써 정책의 효율성을 높일 수 있고, 효과가 명확하게 나타난다는 장점이 있다. 의료서비스, 교육서비스, 쌀이나 밀가루 등을 나누어주는 경우가 여기에 해당된다.

사회복지의 급여를 증서로 지급하는 것은 특정 재화나 서비스의 소비를 권장하거나 억제하려는 의도가 있는 것이다. 상품권, 식권, 의료보험증 등이 여기에 해당된다.

사회복지의 급여를 기회로 지급하는 것은 장애인을 의무적으로 고용하도록 법을 제정한다든지 대기업이 골목상권에 진입하지 못하게 만들어서 다른 사람에게 기회를 제공하는 것이다.

어떻게 급여를 제공할 것인가?

사회복지 정책을 통해서 어떤 것을 누구에게 제공하기로 결정하였다고 하더라도 그 재화 또는 서비스를 어떻게 전달할 것인가의 문제가 남아 있게 된다. 이것을 사회복지 서비스의 전달체계라 한다. 이것은 사회복지의 공급자가 한 사람이나 한 조직이 아니고 다수의 공급자가 있기 때문에 공급자들 사이의 조직적인 연계와 공급자와 수혜자 사이를 조직적으로 연결하는 문제를 다루는 것이다.

중앙정부가 주체가 되는 경우, 지방정부가 주체가 되는 경우, 중앙정부와 지방정부가 공동으로 주체가 되는 경우, 민간단체가 주체가 되는 경우, 위의 주체들이 혼합되는 경우 등 전달체계는 매우 다양하다.

◗ 어떻게 재원을 마련할 것인가?

사회복지 정책의 시행에 필요한 재원을 조달하는 재정 주체로는 중앙정부, 지방정부, 민간단체 등을 들 수 있고, 사회복지 재원으로는 공공자금과 민간자금이 있다.

공공자금에는 정부의 일반예산, 일종의 목적세인 사회보장성 조세, 조세비용(조세를 감면시켜주는 것) 등이 있고, 민간자금에는 사용자의 부담금, 기여금, 기업의 출연금, 민간 모금 등이 있다.

사회복지정책 분석의 틀

선택의 차원	의 미	선택의 대안
할 당 (Allocation)	수급자격 : 대상체계	귀속적 욕구, 사회적 공헌 / 사회적으로 부당하게 당한 손실에 대한 보상, 전문가 판단에 의한 진단적 차별 또는 가족의 자산상태에 따른 욕구
급 여 (Benefits)	급여종류 : 급여체계	현금, 사회서비스, 물품, 신용(변제), 물품교환권(증서 : 바우처), 기회, 권력 등
전 달 (Delivery)	전달방법 : 전달체계	중앙집권 또는 지방분권, 복수서비스 또는 단독 서비스, 동일 건물 내 위치 또는 다른 건물에 위치, 협력관계 또는 대화단절, 전문가 의존 또는 소비자 및 준전문가 의존, 공공행정가 또는 민간행정가
재 정 (Finance)	재정마련방법 : 재정체계	공공재원(사회보험, 과세), 민간재원(사용자 부담, 민간 모금 등), 공공과 민간재원의 혼합

나. 사회보장 형태별 스포츠복지 정책

우리나라의 사회보장기본법 제2조에 "사회보장은 모든 국민이 다양한 사회적 위험으로부터 벗어나 행복하고 인간다운 생활을 향유할 수 있도록 자립을 지원하며, 사회참여 · 자아실현에 필요한 제도와 여건을 조성하여 사회통합과 행복한 복지사회를 실현하는 것을 기본 이념으로 한다."고 밝히고 있으며, 제3조에 '사회보장'이란 "출산, 양육, 실업, 노령, 장애, 질병, 빈곤 및 사망 등의 사회적 위험으로부터 모든 국민을 보호하고 국민 삶의 질을 향상시키는 데 필요한 소득 · 서비스를 보장하는 사회보험, 공공부조, 사회서비스를 말한다."고 정의를 내리고 있다.

다음은 우리나라에서 실시하고 있는 또는 앞으로 실시할 스포츠복지 정책을 사회보험, 공공부조, 사회서비스, 평생 사회안전망으로 나누어 살펴본 것이다.

◗ 사회보험으로써의 스포츠복지

사회보장기본법에서는 '사회보험(社會保險, social insurance)'을 "국민에게 발생하는 사회적 위험을 보험의 방식으로 대처함으로써 국민의 건강과 소득을 보장하는 제도를 말한다."라고 정의하고 있다.

사회보험은 개인보험처럼 자유의사에 의해서 가입하는 것은 아니며, 보험료도 개인 · 기업 · 국가가 서로 분담하는 것이 원칙이다. 보험료의 계산도 위험의 정도보다는 소득에 비례하여 분담함을 원칙으로 함으로써 소득 재분배의 기능을 하고, 근로자나 그 가족을 상해 · 질병 · 노령 · 실업 · 사망 등의 위협으로부터 보호하기 위하여 실시하는 것이다.

우리나라에서 실시하고 있는 사회보험은 노동능력의 상실에 대비한 산업

재해보험 · 건강보험과 노동기회의 상실에 대비한 연금보험 · 실업보험으로 구분할 수 있다. 앞으로 실시할 수 있을 것으로 예상되는 사회보험은 스포츠 공제회와 스포츠상해보험이다.

◗ 공공부조로써의 스포츠복지

사회보장기본법에서는 '공공부조(公共扶助, public assistance)'를 "국가와 지방자치단체의 책임 하에 생활 유지능력이 없거나 생활이 어려운 국민의 최저생활을 보장하고 자립을 지원하는 제도를 말한다."라고 정의하고 있다.

1891년에 덴마크에서 공공부조가 최초로 등장한 이후 여러 나라로 확산되었으나 그 의미와 내용 및 범위 등이 조금씩 다르고, 용어도 공공부조, 국가부조, 사회부조 등으로 부르고 있다.

공공부조는 국민의 건강을 보호하고, 문화적인 최저생활을 보장하며, 자립을 촉진할 목적으로 생활능력을 잃은 사람과 일정한 생활수준에 미치지 못한 사람에게 국가나 지방자치단체가 직접적이며 최종적으로 경제적 보호를 제공하는 제도라고 할 수 있다.

우리나라에서의 공공부조는 2000년 10월부터 시행하고 있는 '국민기초생활보장법'에 의하여 주로 이루어지고 있다. 스포츠복지 정책에서의 공공부조는 국민체육진흥법 제22조에 경제적 취약계층(저소득층과 유 · 청소년)을 대상으로 체육기금을 사용하도록 명시되어 있다. 그에 따라서 2009년부터 스포츠강좌이용권을 경제적 취약계층에게 제공해오고 있고, 불우체육인과 장애체육인을 대상으로 특별보조금과 장애연금을 지급하고 있다.

◗ 사회서비스로써의 스포츠복지

우리나라의 사회보장기본법에서는 '사회서비스(social services)'를 "국가 · 지방자치단체 및 민간부문의 도움이 필요한 모든 국민에게 복지, 보건의료, 교육, 고용, 주거, 문화, 환경 등의 분야에서 인간다운 생활을 보장하고 상담, 재활, 돌봄, 정보의 제공, 관련 시설의 이용, 역량 개발, 사회참여 지원 등을 통하여 국민의 삶의 질이 향상되도록 지원하는 제도를 말한다."고 정의하고 있다.

일반적으로 사회서비스는 '삶의 질' 향상을 위해서는 꼭 필요하지만 수익성이 낮기 때문에 민간기업들이 참여하지 않는 복지서비스를 정부 · 지자체 · 비영리단체 등이 제공하는 것을 말한다. 예를 들어 간병 · 가사 · 간호 · 보육 · 노인수발 서비스, 외국인 주부 · 저소득가정 · 아동 · 장애인 등에 대한 교육 서비스, 문화 · 환경 관련 서비스 등이 이에 포함된다.

스포츠복지 정책에서 사회서비스로는 스포츠취약계층의 스포츠활동 참여를 돕기 위해서 '움직이는 체육관'을 운영하는 것, 생활체육 지도자를 파견하는 것, 저소득층과 차상위계층을 대상으로 실시하는 생활체육 프로그램 운영 등이 있다.

그밖에 다문화가정을 대상으로 하는 스포츠활동 장려사업, 외국인 노동자들의 체육대회 지원, 종합형 스포츠클럽의 확충, 직장체육의 활성화 지원, 범국민 스포츠 활성화 운동 등을 들 수 있다.

◗ 평생사회안전망으로써의 스포츠복지

우리나라의 사회보장기본법에서는 '평생사회안전망(平生社會安全網, social safety nets)'을 "생애주기에 걸쳐 보편적으로 충족되어야 하는 기본

욕구와 특정한 사회위험에 의하여 발생하는 특수욕구를 동시에 고려하여 소득 · 서비스를 보장하는 맞춤형 사회보장제도를 말한다."고 정의하고 있다.

평생사회안전망은 1997년 외환위기 이후 나타난 용어로 그동안 사용해온 '사회보장'이나 '사회복지'를 대신하여 사용되고 있다. 즉 국민이 빈곤이라는 어려움에 빠지지 않도록 국가가 만들어두는 제도적 안전장치라고 이해하면 되고, 사회보험과 사회부조 그리고 사회서비스를 아우르는 용어이다.

우리나라는 크게 1 · 2 · 3차의 사회안전망을 구축하고 있다. 1차 사회안전망은 일반국민을 대상으로 하는 공적연금, 의료보험, 산재보험, 고용보험 등 4대 사회보험으로 이루어져 있고, 2차 사회안전망은 1차 사회안전망에 의하여 보호받지 못하는 저소득층을 위한 공공부조인 기초생활보장 제도와 보완적 장치인 공공근로사업이다. 마지막 3차 사회안전망으로는 재난을 당한 사람에게 최소한 생계와 건강을 지원해주는 각종 긴급구호 제도가 있다.

스포츠복지로써의 사회안전망 구축은 박근혜 정부에서 추진한 '언제나, 어디서나, 누구나 스포츠에 접근할 수 있도록 다양한 프로그램을 제공하고, 재정 지원을 하려고 노력하는 것'이라고 할 수 있다.

2. 독일의 스포츠복지 정책

독일은 생활스포츠가 발달되어 있고, 생활스포츠를 사회복지 정책의 하나로 간주하고 있으며, 생활스포츠를 사회통합의 수단으로 이용하고 있다는 점이 특징이다.

독일에서는 생활스포츠를 '풀뿌리스포츠' 또는 '여가스포츠'라고 하면서 19세기부터 생활스포츠가 발달하였다. 생활스포츠를 장려한 목적이 넓은 토대 위에서 최상의 경기력을 갖춘 엘리트선수를 길러내기 위해서였기 때문에 초기에는 여성이나 노약자가 생활스포츠클럽에 참여하기가 어려웠다.

그러나 1950년대 후반부터 '스포츠 제2의 길', '황금계획', '트림운동' 등의 생활스포츠 활성화 정책이 단계적으로 추진되면서 많은 사람들이 스포츠클럽에 가입하여 다양한 활동을 즐기게 되었다.

독일에서는 스포츠클럽을 공공복지라 생각하고, 남녀노소 누구나 평등한 참여를 권장하며, 합리적인 비용에 스포츠를 즐길 수 있도록 하는 것을 목표로 하고 있다. 2015년 현재 독일올림픽스포츠연맹에 소속된 스포츠클럽 수는 90,240개 소이며, 가입자는 독일 전체인구의 약 33.2%에 달한다.

시설 측면에서는 직접 시설을 보유한 클럽도 있지만 대부분은 학교나 지자체의 공공스포츠시설을 무상 또는 소정의 임대료를 내고 사용하고, 프로그램도 매우 다양하며, 지역별 · 수준별 · 연령별 리그제를 운영하고 있다.

1945년 이후 대량의 이민을 받아들여 경제성장으로 부족한 노동력을 채웠기 때문에 독일 인구의 약 10.5%가 이주민들이다. 이에 따라 독일에서는 1990년대 초반부터 사회통합에 대한 논의가 지속되고 있으며, 다양한 사회통합 프로그램이 시행 중이다. 특히 스포츠를 통한 사회통합 정책은 주목할 만하다.

이주민을 스포츠클럽에 참여하도록 하여 스포츠활동은 물론 언어습득과 문화의 이해를 통해서 이주민들의 사회적응을 돕고, 나아가 정주민과 이주민 간의 상호 문화교류로 사회통합에 기여하게 한다는 것이다. 이러한 정책은 독일올림픽스포츠연맹이 주관하고, 독일연방 내무부와 이민청이 지원하며, 지역스포츠연맹과 지역별 지원스포츠클럽 그리고 일반스포츠클럽을 중심으로 추진되고 있다.

지원스포츠클럽이란 독일올림픽스포츠연맹과 지역스포츠연맹이 선정하여 예산지원 등 각종 혜택이 주어는 스포츠클럽을 말한다. 지원스포츠클럽에서는 스포츠활동 외에 문화교육, 언어, 교류 프로그램 등의 사회통합 업무를 추진한다.

이주민들이 낯선 환경에서 스포츠클럽에 참여해 다른 문화를 가진 사람들과 스포츠활동을 하는 것이 쉽지 않기 때문에, 이주민들이 스포츠클럽 회원이 되는 장애요인을 제거하고, 스포츠클럽에서 지속적으로 활동할 수 있도록 돕기 위해서 지원스포츠클럽에는 이주민과 같은 배경을 가진 운영진과 지도자가 배치되어 있다.

우리나라도 독일과 마찬가지로 1980년대 후반부터 해외 노동력이 유입되었으며, 2016년 현재 국내 체류 외국인수가 200만 명을 넘어서고 있다. 명실상부 단일민족사회에서 다민족사회로 변모하고 있는 것이다. 스포츠는 그 고유의 비언어적 특징으로 인해 누구나 함께 참여하며 즐길 수 있고, 독일의 사례에서 보듯이 이주민의 사회적응을 돕는 기제로 활용될 수 있다.

3. 일본의 스포츠복지 정책

일본은 스포츠 관련 법률들이 잘 정비되어 있으며, 스포츠기본법을 제정하여 시행함으로써 스포츠권을 국민의 기본권으로 인정하고 있다는 점이 특징이다.

- 제2차 세계대전 후에 제정된 일본 헌법에는 "모든 국민은 건강하고 문화적으로 최저한도의 생활을 영위할 수 있는 권리가 있다."고 되어 있다.
- 그것을 받아들여 1947년에 제정된 교육기본법에서는 '몸과 마음이 함께 건강한 국민 육성'을 교육목적으로 내걸고 있다.
- 1949년에 제정된 사회교육법에서는 '체육 및 레크리에이션 활동'이 사회교육에 포함되도록 규정되어 있다. 그러나 사회교육법에 규정된 스포츠에 관한 내용은 추상적이어서 '보건체육심의회'는 1953년에 "정부가 체육레크리에이션 진흥을 추진하기 위해서는 법률적 근거가 박약하다."고 하면서 그것을 구체적으로 추진하는 사항을 입법화할 것이 요망된다고 밝혔다.
- 그것을 받아들여 1961년 6월에 제정하여 공포된 것이 '스포츠진흥법'이다. 여기에서는 스포츠를 국민 일반에게 광범위하게 보급하기 위해서 국가 및 지방자치단체에서 시책의 기본으로 분명하게 밝힐 것을 목적으로 하고 있다. 내용은 총칙, 스포츠 진흥을 위한 조치, 스포츠진흥심의회 및 체육지도위원, 국가의 보조로 구성되어 있다. 특히 스포츠 진흥에 관한 국가와 지방공공단체 시책의 기본과 임무를 명시함과 동시에 스포츠는 국민에게 강요하는 것이 아니라 언제나 국민의 자주성을 존중하고, 여러 가지 적성과 건강상태에 따라서 실천하는 것임을 강조하고 있다.
- 2006년에 설치된 '스포츠 진흥에 관한 간담회'에서 '스포츠성(省)'의 설치와 새로운 스포츠진흥법의 제정을 제안하였고, 2009년에는 교육재생간담회에서 '종합적인 스포츠 진흥정책의 전개'로서 스포츠기본법의 제정과 스포츠청(廳)의 설치를 제안하였다.
- 2011년에 스포츠의원연맹이 중심이 되어서 스포츠기본법(안)이 마무

리되었고, 6월 17일에 중위원에서 가결되어 그동안 스포츠와 관련된 가장 기본적인 법률의 역할을 해왔던 '스포츠진흥법'이 50년만에 전면적으로 개정되고 명칭도 '스포츠기본법'으로 바뀌었다.

일본 스포츠기본법의 개요

- 스포츠진흥법을 전면 개편하는 형식으로 제정된 법률이다.
- 스포츠에 관한 기본이념과 스포츠에 관련된 시책의 기본사항을 정하고 있다.
- 종전의 스포츠진흥법이 1964년 도쿄올림픽 개최 직전에 제정되어 시설정비 등에 주안점을 두고 있는 반면에, 스포츠기본법에서는 전문(前文)에 '스포츠입국(立國)의 실현을 겨냥하고, 국가전략으로서 스포츠에 관한 시책을 종합적이면서 계획적으로 추진할 것'을 강조하고 있다.
- 제3조에서는 '스포츠에 관한 시책을 종합적으로 책정 및 실시하는 것'을 국가의 책무로 위치시키는 등 스포츠 진흥을 국가전략으로 위치시키고 있다.
- '스포츠청(廳)'의 창설에 대해서는 검토 과제로서 부칙에 규정되어 있다.
- 하계올림픽과 패럴림픽을 2020년에 도쿄에서 개최하기로 확정됨에 따라서 후생노동성의 장애자스포츠국을 문부과학성으로 이관하여 문부과학성의 외청(外廳)으로 2018년에 스포츠청을 설치할 예정이다.
- 스포츠기본법은 "스포츠는 세계 공통 인류의 문화이다."라는 이념 아래 국민생활에서 스포츠의 다양한 역할의 중요성을 감안하고 스포츠입국의 실현을 겨냥하기 위한 국가전략의 일환으로써 스포츠에 관한 시책을 종합적이면서 계획적으로 추진할 것을 목적으로 하고 있다.
- 스포츠에 관한 기본이념을 정하고, 국가 및 지방공공단체의 책무, 각

스포츠단체의 노력 등을 분명하게 함과 동시에 스포츠에 관한 시책의 기본이 되는 사항을 정하고 있다.

- 스포츠진흥법은 학교교육 등을 통해서 스포츠를 보급하는 것을 목표로 하는 행정적인 관점에서 만들어졌다.
- 스포츠기본법은 모든 사람이 스포츠를 즐길 수 있는 권리를 인정하는 '스포츠권'을 담고 있다.
- 지금까지의 정책은 경기스포츠가 중심이었지만 스포츠기본법에서는 지역스포츠도 중시하고, 스포츠의 추진을 국가의 책무로 하고, 국가와 지방자치단체로부터의 재정 확보까지 다루고 있다.

4. 영국의 스포츠복지 정책

영국은 장애인올림픽의 발상지이고, 장애인을 위한 스포츠복지가 발달된 것이 특징이다.

1) 장애인올림픽의 역사

장애인올림픽(Paralympics)은 하반신마비를 뜻하는 'paraplegia'와 'olympics'의 합성어(하반신마비자의 올림픽)로 시작되었다. 그 후 하반신마비가 아닌 사람들도 함께 참가할 수 있는 대회로 확대되면서부터 'para'가 라틴어 para(with, 함께)에서 유래된 것이라고 다시 해석하게 되었다(즉 모두의 올림픽).

독일 태생의 영국인 구트만(L. Guttman) 박사가 영국의 스토크맨드빌(Stoke Mandeville) 병원에서 제2차 세계대전 중에 척수장애를 당한 전역군인들을 재활치료할 때 운동요법을 도입한 것이 계기가 되어 시작되었다.

1948년에 하지마비자 26명을 모아 척수장애인체육대회를 가진 것이 패럴림픽의 시초이다. 이것은 영국의 국내대회로 개최되어 오다가 1952년에 네덜란드의 양궁팀이 대회에 참가함으로써 국제경기대회로 발전하였다.

그 후 유럽 전역의 국제대회로 발전하였고, 1960년 로마에서 제1회 패럴림픽(하계)이 열렸고, 1972년 제4회 하이델베르크대회 때는 참가범위가 모든 장애인으로 확대되었다.

올림픽과 같은 도시, 같은 시설에서 열리게 된 것은 하계 대회의 경우 1988년 서울올림픽, 동계 대회의 경우 1992년 알베르빌올림픽이 처음이었다. 이전에는 패럴림픽이라 불렸으나 오늘날에는 장애인올림픽(Olympic for the disabled)이라 부르고 있다.

장애인올림픽 대회의 기본이념은 '스포츠를 통한 국가 간의 우정과 이해의 증진을 바탕으로 인류의 평화에 이바지하고자 하는 올림픽 정신과 이념을 기반으로, 장애인에 대한 복지 수요와 충족의 조화'이다.

장애인올림픽에는 팔 · 다리장애인, 뇌 손상장애인, 지능장애인, 시각장애인, 휠체어사용장애인, 기타 장애인 등 6개 장애영역이 있고, 각 장애영역별로 장애등급을 구분하고 있다. 예를 들어 시각장애는 장애영역이 B(blind)이고, 1은 중증(重症), 2는 중간(中間), 3은 경증(輕症)을 나타낸다. 그러므로 B1은 중증시각장애인을 나타내고, B1끼리만 경기를 한다.

경기종목은 탁구 · 궁도 · 수영 · 역도 · 사격 · 농구 · 당구 · 휠체어달리기 · 오종경기 · 볼링 · 투곤봉 · 투원반 · 투창 · 투포환으로 되어 있다. 이러한 경기들은 모두 장애인을 위한 특화된 장비와 규정이 있다.

2) P2P 전략

P2P전략은 'Playground to Podium National Strategy(운동장에서 시상대까지 국가전략)'의 약자로, "재능이 있는 어린 장애인 선수를 찾아내어 능력을 개발하고 지원해줌으로써 체육과 스포츠에서 높은 수준의 수행을 하고 경기에도 출전하도록 하며, 최종적으로는 내일의 장애인올림픽 출전 선수로 길러내는 것"을 목표로 하는 전략이다.

P2P전략의 기본 골격은 체육시간에 어린 장애인을 발탁해서 높은 수준의 경기력을 갖춘 경기에 참여할 수 있는 길을 열어주는 것이다. 또 P2P전략의 최종 목적은 다음 장애인올림픽대회에 참여할 수 있는 우수 장애인 선수를 만드는 것이지만, 모든 젊은 장애인들이 자신들이 선택한 스포츠 종목에서 고품질의 서비스를 받을 수 있도록 하는 것이 필수적이다.

P2P전략은 누구를 위한 것인가?

특수교육이 필요한 학생, 특수교육 중인 학생, 특수교육이 결정된 학생들은 스포츠에 접하기 어렵겠지만, 능력을 개발하기 위해서는 그러한 학생들도 분명히 포함되어야 한다. 그리고 P2P전략의 초점이 신체적으로 또는 감각적으로 장애가 있는 학생과 학습이 매우 곤란한 학생들에 맞추어져 있기 때문에 일반학교 학생은 물론이고 특수학교에 다니는 어린 장애학생도 P2P 전략의 대상(표적)이 된다.

P2P전략을 수행할 때 학교스포츠는 어떤 역할을 하는가?

P2P전략이 어린 장애학생들에게 체육 · 스포츠에 참여하여 활동할 수 있는 기회를 확대하려는 것이므로 아래의 4가지 중재(intervention)를 학교스

포츠가 해주어야 한다.

- 어린 장애학생이 가지고 있는 능력을 찾아내서 지원해줄 수 있는 기술을 개발하기 위한 교사 재교육
- 7~11세 장애어린이의 스포츠 기술이나 기초적인 움직임을 개발하기 위한 기술클럽
- 11~18세 장애청소년 중에서 좀 더 발전하기를 바라는 학생들이 스포츠기술을 강화할 수 있도록 방과 후에 복합스포츠클럽에서 코칭을 해주는 것
- 고도로 질이 좋은 코칭환경을 통해서 잠재적인 스포츠능력을 받아들이고, 복합적인 스포츠와 경기 기회를 통해서 (체육과 스포츠에서 장애가 있던) 어린 학생들이 능력이 생기는 날을 예측하는 것

P2P전략에서는 '지역선수 평가의 날(County Athlete Assessment Days : CAAD)'이라는 행사를 벌인다. 학교에서 체육과 스포츠에 더 높은 잠재적 능력이 있다고 식별된 장애학생들을 초청하여 각 종목의 스포츠 코치들이 학생 개개인의 능력을 평가한 다음 'participation', 'club' or 'fastrack'으로 등급을 매기는 행사이다. 종목은 육상, 보치아, 축구, 수영, 탁구, 휠체어농구 등 6종목이다. 이날 받은 평가 등급에 따라서 그 학생에게 주어지는 기회가 달라진다.

그밖에 영국장애인스포츠연맹(EFDS)이 주관하여 지역, 국가, 국제 수준의 스포츠이벤트도 개최한다. 목적은 모든 수준에서 참가기회를 확장하는 것과 장애인에게 자신이 하고 싶은 스포츠활동을 선택하도록 하는 것이다. 수영이나 육상경기와 같이 참여율이 높은 종목도 있지만, 양궁이나 탁구와 같이 참여율이 낮은 종목도 있다.

장애인스포츠 이벤트는 여러 국립스포츠기관과 다른 외부 파트너가 함께

수행한다. 그 이유는 이벤트를 관리하는 기술과 지식을 서로 나누기 위해서이다. 이벤트를 관리하는 기술과 지식에는 이벤트를 진행하는 것, 시설이나 자원을 구매하거나 찾아내는 것, 복지와 위험을 평가하는 것, 공무를 수행하거나 자원봉사 하는 것 등이 될 수 있다.

장애인스포츠 이벤트는 그들이 정말로 잠재적인 재주가 있든지, 다만 활동적이기를 바랐든지에 관계없이 더 많은 장애인이 운동장과 시상대에서 스포츠를 접할 수 있도록 하는 것이 아주 중요하다. 그러한 기회는 건강 증진에 도움이 되고, 일상생활에서 필수적인 자신감과 웰빙에 도움이 되기 때문이다.

SPORTS는 모든 인류를 위한 것이라는 것을 잊지 말기를!!!!

3) 딜로이트 장애인스포츠

'딜로이트 장애인스포츠(Deloitte Parasport)'는 딜로이트社의 후원으로 영국장애인올림픽협회(British Paralympic Association : BPA)가 장애인스포츠와 관련된 정보를 제공하는 일종의 인터넷 서비스이다. 딜로이트社는 1845년에 윌리엄 웰치 딜로이트가 런던에 사무실을 개설한 컨설팅 회사로 현재는 뉴욕에 본사가 있다.

딜로이트 장애인스포츠는 '장애인 중에서 취미 수준이든, 경기 수준이든 스포츠를 하고 싶은 마음이 있는 사람에게 더 많은 정보를 더 쉽게 사용할 수 있는 형태로 제공한다면 장애인스포츠계가 더욱 더 고무될 것'이라는 생각에서 시작된 서비스이다.

그 지역에 있는 고품질의 장애인스포츠클럽에 대한 정보, 자신이 어떤 스포츠에 관심이 있는지 모르는 사람에게 제공되는 Sport Finder Tool, 장애인올림픽 스포츠 종목들에 대한 비디오테이프와 정보, 장애인스포츠 이용자의 경험담 등을 제공하기 때문에 업종별 전화번호부(yellow pages)와 같은 역할을 한다.

그밖에도 주제별, 연령별, 증상별, 지역별로 서비스를 찾을 수 있어서 장애인들이 사용하기에 아주 편리하게 되어 있다.

우리나라도 장애인을 위한 스포츠복지 정책을 구상할 때에 영국의 P2P전략, 장애인스포츠이벤트, 딜로이트 장애인스포츠 등을 참고하면 좋을 것이다.

5. 호주의 스포츠복지 정책

호주는 은퇴한 우수선수들이 새로운 삶을 사는 데에 도움이 될 수 있도록 국가에서 ACE(The Athlete Career and Education ; 선수전환 · 지원교육) 프로그램을 운영하고 있는 것이 특징이다. ACE 프로그램은 호주스포츠연구원(Australian Institute of Spor), 각 주에 있는 스포츠연구원, 체육대학(academies of sport) 등에서 전국적으로 운영하고 있는 서비스프로그램으로 교육, 개인개발(personal development), 전환지원(transitional support) 서비스를 제공하고 있다.

ACE 프로그램의 목적은 우수선수들이 스포츠에서 탁월함을 달성하려고 노력하는 중간에 교육을 받을 기회, 직업을 개발할 기회, 자신을 개발할 기회 등을 얻을 수 있도록 돕는 것이다.

ACE 프로그램에서는 진로지도, 교육지도, 스포츠수행과 관련된 프로그램, 우수한 스포츠생활을 해나가는 것과 관련된 서비스, 개인의 개발과 관련된 서비스 등을 제공하고 있고, 그러한 서비스들은 ACE 직원(상담사) 또는 단체 트레이닝 코스를 통해서 개별적으로 제공하고 있다.

다음은 ACE 프로그램의 서비스가 선수들에게 유용한지, ACE식 중재(intervention)가 효과가 있는지, 그리고 ACE식 상담교육이 도움이 되는지 등에 관한 같이 제언이다.

- 운동선수 진로전환 지원은 은퇴 후가 아닌 현역 운동선수 시기부터 운동, 학업, 사회활동을 포함한 통합적 측면에서 이루어지는 정책 추진이 필요하다.
- ACE 프로그램과 같이 운동선수 맞춤형 진로전환 지원 프로그램의 개발 및 추진이 필요하다.
- 운동선수의 운동, 학업, 일, 사회생활 전반에 거쳐 통합적 진로전환 지원을 위해서는 여러 단체의 협력을 통한 정책 추진이 필요하다.
- 대학 운동선수들이 적성에 맞는 전공을 선택할 수 있는 기회를 제공하고 일정 수준 이상의 학업성적을 유지할 수 있는 지원정책을 점진적으로 도입할 필요가 있다.
- 운동선수의 통합적 진로전환 지원의 실질적 효과를 도모하기 위해서는 체계적이고 주기적인 모니터링과 피드백이 필요하다.

스포츠복지의 실천

1. 스포츠복지 정책의 전달체계

우리 속담에 '구슬이 서 말이라도 꿰어야 보배'라는 말이 있다. 아무리 좋은 재료가 있더라도 흩어져 있는 자료들을 잘 조직화하고 묶어내지 못하면 쓸모가 없다는 뜻이다.

정부에서 스포츠복지 정책을 수립하여 시행하려고 할 때 제공하려는 급여 또는 서비스를 대상자들에게 적절하고 효율적으로 전달하여 그들의 욕구를 효과적으로 충족시키는 역할을 하거나 공급자들 사이를 서로 연결해주는 조직적 장치를 '스포츠복지 정책의 전달체계'라고 한다.

여기에서는 스포츠복지 정책의 전달체계를 구축할 때 지켜야 할 주요원칙을 살펴본 다음에 스포츠복지 정책의 전달체계라고 할 수 있는 체육과 관련 있는 '정부조직'과 '체육단체'의 조직과 효율성에 대하여 알아보기로 한다.

1) 전달체계 구축의 주요 원칙

복지정책을 시행할 때 급여 또는 서비스를 제공하는 사람이나 조직을 공급자라 하는데, 공급자에는 정부, 민간단체, 개인 등이 있다. 공급자와 반대로 급여 또는 서비스를 받는 수혜자를 클라이언트라 하는데, 클라이언트에는 개인과 집단이 있다.

스포츠복지 정책뿐만 아니라 모든 사회복지 정책의 전달체계를 구축할 때에 지켜져야 할 원칙에는 다음과 같은 것들이 있다.

- **평등성의 원칙**……공공부조, 아동복지, 노인복지처럼 대상자를 제한할 수밖에 없는 경우를 제외하고는 복지서비스는 클라이언트의 연령, 성별, 소득, 지역, 종교 및 지역에 관계없이 모든 국민에게 평등하게 지급되어야 한다.
- **적절성의 원칙**……복지서비스는 양 · 질 · 제공기간이 클라이언트나 소비자의 욕구 충족, 문제 해결 그리고 서비스의 목표(자활 또는 재활)를 충분히 달성할 수 있도록 제공해야 한다.
- **포괄성의 원칙**……클라이언트의 욕구는 다양한 문제와 관련이 있으므로 다각적으로 접근하여 다각적인 서비스를 제공해야 한다.
  - 일반화 접근방법 : 한 사람의 전문가가 여러 문제를 다룬다.
  - 전문화 접근방법 : 한 사람의 각각의 문제를 각각 다른 전문가가 다룬다.
  - 집단적 접근방법 : 여러 전문가들이 팀을 이루어 문제를 다룬다.
  - 사례 관리방법 : 한 전문가가 책임을 지고 필요한 서비스와 전문가를 찾아 연결해줌으로써 적절한 서비스를 받을 수 있도록 관리한다.
- **지속성의 원칙**……클라이언트에게 있던 문제가 해결되는 일정 기간 동안 지속적으로 서비스가 제공되어야 한다. 한 개인의 문제를 해결하는 과정에서 필요한 서비스의 종류 또는 질이 달라져야 하는 경우에는 지역사회 내에서 연속적이고 지속적으로 서비스를 받을 수 있어야 한다.

- **전문성의 원칙**……복지 서비스는 전문적인 서비스이므로 핵심적인 업무는 반드시 전문가가 담당해야 한다. 전문가란 객관적으로 자격이 인정된 사람, 자신의 업무에 대한 권위와 자율적 결정권 및 책임성을 지닌 사람을 말한다.
- **통합성의 원칙**……클라이언트의 문제는 대부분의 경우 복합적이고 서로 연관이 되어 있다. 전달체계를 통하여 복지서비스를 제공받을 때 복합적이고 다양한 문제 해결에 필요한 서비스가 질서정연하고 체계적으로 제공되어야 한다.
- **책임성의 원칙**……복지 전달체계에 있는 조직은 복지서비스를 전달하도록 사회적으로 위임을 받은 조직이므로 서비스 전달의 책임을 져야 한다.
- **접근 용이성의 원칙**……복지서비스를 필요로 하는 사람들이 서비스를 이용하는 데에 아무런 장애가 없어야 하고, 클라이언트가 접근하기 쉬워야 한다.

2) 정부의 체육행정 조직

2017년에 문화체육관광부에서 발간한 체육백서에 의하면 중앙정부의 체육행정조직, 광역자치단체의 체육행정조직, 기초자치단체의 체육행정조직, 그리고 지방 체육단체의 현황은 아래의 그림 또는 표에 나타난 바와 같다.

가. 중앙정부의 체육행정 조직

중앙정부의 체육행정 조직은 1982년에 체육부를 1실 3국 10과 4담당관 총 187명으로 신설한 이후 정권이 바뀔 때마다 축소 또는 통폐합되어서 2016년에는 그림과 같이 1실 2관 6과로 운영되고 있다.

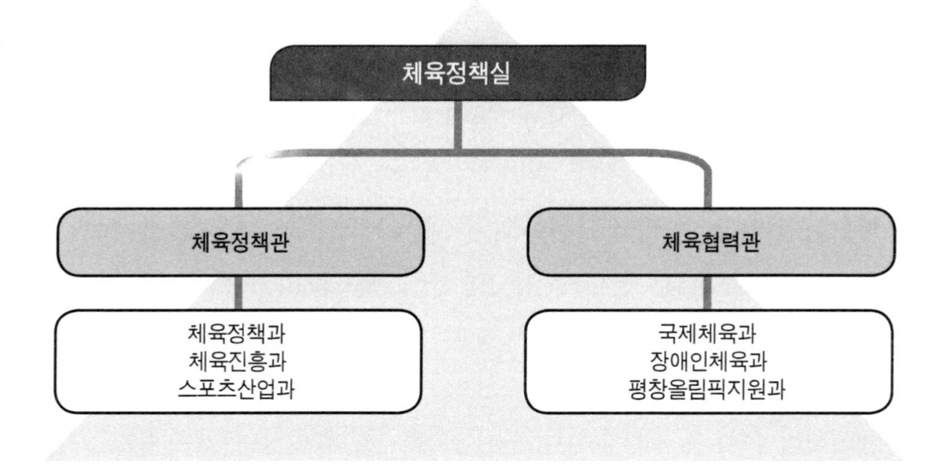

그림 문화체육관광부 체육정책실 조직도(문화체육관광부, 2016)

체육정책관의 담당업무

- 전문체육, 생활체육, 스포츠산업 진흥을 위한 계획의 수립 및 추진
- 국가대표선수의 육성 · 지원
- 직장체육, 지역생활체육, 스포츠클럽의 진흥 · 육성 · 지원
- 스포츠시설 확충 및 스포츠산업의 진흥 · 지원

체육협력관의 담당업무

- 국제체육교류 및 장애인체육 진흥을 위한 계획의 수립 및 추진
- 국제대회의 유치, 개최, 참가지원
- 장애인체육 환경조성 및 지원체계 개선
- 평창동계올림픽 지원

나. 광역자치단체의 체육행정 조직과 인력

우리나라에는 현재 17개 광역자치단체가 있고, 광역자치단체별 체육행정 조직과 인력은 표와 같다.

광역자치단체에는 문화체육관광국, 문화체육국 등의 국 단위 행정조직 밑에 체육진흥과, 체육과, 스포츠산업과 등이 있고, 그 하부 단위로 팀 또는 담당자를 두고 있다. 인력은 제주도의 13명에서 서울의 336명까지 시도의 인구와 재정상태에 따라 천차만별하다.

광역자치단체의 체육행정 조직의 인력이 크게 차이가 난다는 것은 현재 시행 중인 스포츠복지 정책의 혜택이 지역 간 격차가 심하다는 것을 말해주고 있다.

광역자치단체 체육행정조직과 인력

구분	조직	인력
서울	관광체육국 체육정책과(체육정책팀, 전문체육팀, 체육시설팀, 체육복지팀, 전국체전팀)	23
	관광체육국 체육진흥과(생활체육진흥팀, 생활체육시설팀, 여가스포츠팀)	15
	체육시설관리사업소(4과 4팀)	131
	서울시설공단(체육시설 3개소)	172
	소 계	341
부산	건강체육국 체육진흥과(체육진흥, 생활체육, 장애인체육, 올림픽유치)	18
	체육시설관리사업소	103
	소 계	121
대구	문화체육관광국 체육진흥과(체육정책, 생활체육, 스포츠마케팅, 체육시설)	22
	체육시설관리사업소(대구스타디움, 시민운동장, 육상진흥센터, 대구체육관)	74
	소 계	96

인천	문화관광체육국 체육진흥과(체육정책,체육진흥,체육시설, 체육시설마케팅, 국제스포츠교류, U-20월드컵추진단)	34
	소 계	34
광주	문화관광체육실 체육진흥과(6개팀)	22
	광주실내수영장 등 3개소(민간위탁-도시공사)	38
	월드컵경기장 등 20개소(민간위탁-시체육회)	38
	장애인국민체육센터 등 3개소(민간위탁-장애인체육회)	5
	소 계	103
대전	문화체육관광국 체육지원과(4담당)	20
	시설관리공단(체육시설본부)	148
	소 계	168
울산	문화체육관광국 체육지원과(3개팀)	16
	시설관리공단	89
	소 계	105
세종	균형발전국 문화체육관광과(체육진흥담당)	5
	시설관리사업소 시설관리과(체육시설관리담당)	10
	소 계	15
경기	문화체육관광국 체육과(체육행정팀, 체육지원팀, 체육시설팀, 스포츠산업팀)	18
	경기도종합사격장(민간위탁)	18
	소 계	36
강원	문화관광체육국 체육과(체육진흥, 생활체육, 체육시설)	14
	소 계	14
충북	문화체육관광국 체육진흥과(체육진흥팀, 생활체육팀, 체육시설팀, 무예마스터지원팀)	17
	소 계	17
충남	문화체육관광국 체육진흥과(스포츠산업, 체육활동지원, 체육시설지원팀)	14
	소 계	14
전북	문화체육관광국 체육정책과(체육진흥팀, 생활체육팀, 태권도스포츠산업팀, 체육시설관리팀)	18
	소 계	18

전남	관광문화체육국 스포츠산업과(체육정책, 체육시설, 스포츠마케팅)	12
	전라남도체육회(도 체육시설 민간위탁)	35
	소 계	47
경북	문화관광체육국 체육진흥과(체육정책, 생활체육/시설, 장애인체육)	13
	소 계	13
경남	문화관광체육국 체육지원과(체육행정, 생활체육, 스포츠마케팅, 체육시설관리)	18
	소 계	18
제주	문화체육대외협력국 체육진흥과(체육진흥, 체육시설, 체육지원)	13
	소 계	13
총 계		1,173

다. 기초자치단체의 체육행정 조직과 인력

기초자치단체인 시 · 군 · 구에는 문화체육과, 문화관광과, 문화체육관광과, 생활체육과, 체육진흥과, 교육체육과, 문화진흥과, 문화공보과, 체육청소년과, 자치행정과, 총무과 등 아주 다양한 이름의 과 단위 안에 체육행정팀, 체육시설팀, 체육진흥팀, 생활체육팀 등 다양한 형태의 행정조직이 운영되고 있다.

인력은 행정직이 0~15명, 기술직이 0~11명, 기능직이 0~17, 별정직이 0~15명, 계약직이 0~15명이지만, 행정직을 제외한 나머지는 대부분 체육시설에서 경비나 환경미화 인력으로 근무하고 있다.

기초자치단체의 체육행정 조직에 행정인력이 전혀 없는 시 · 군 · 구가 있다는 것은 스포츠복지 정책의 하부 전달체계가 마비되어 있다는 것을 뜻한다고 할 수 있다.

라. 기초자치단체 체육단체

우리나라의 지방자치단체 체육단체는 시 · 도와 같은 광역자치단체 또는 시 · 군 · 구와 같은 기초자치단체에서 운영하는 체육단체로 체육회, 생활체육회, 장애인체육회가 있다. 예를 들어 서울시체육회, 종로구생활체육회, 중구장애인체육회 등과 같이 광역 또는 기초자치단체의 이름 뒤에 체육회, 생활체육회, 장애인체육회 등의 이름을 붙인 체육단체들을 말한다.

17개 광역자치단체 모두 체육회, 생활체육회, 장애인체육회를 운영하고 있다. 그중에서 인천, 대전, 경기도, 충청남도는 체육회와 생활체육회의 2단체를 통합하여 운영하고 있다.

228개 기초자치단체에서 체육회는 107개, 생활체육회는 139개, 장애인체육회는 61개가 독립적으로 운영되고 있고, 체육회와 생활체육회 2단체를 통합하여 운영하고 있는 기초자치단체는 72개, 체육회, 생활체육회, 장애인체육회 3단체를 통합하여 운영하고 있는 기초자치단체는 15개이다.

기초자치단체 중에서 체육회가 13개, 생활체육회가 2개, 장애인체육회가 무려 152개나 설치되지 않고 있다는 것은 스포츠복지 정책의 수행을 포기한 기초자치단체의 수가 그만큼 많다는 것이나 마찬가지이다.

한마디로 우리나라 정부의 체육행정 조직은 중앙정부와 기초지방자치단체는 비정상적이고, 광역지방자치단체만 정상적인 조직이어서 스포츠복지 정책의 수행이 어렵게 되어 있으므로 하루 속히 정비해야 할 것이다.

3) 체육단체의 체육행정 조직

가. 대한체육회

대한체육회는 1920년 7월에 조선체육회라는 이름으로 창설되었다가 1938년 7월 일제에 의해서 강제로 해산되었다. 해방이 되면서 1945년 11월에 다시 부활하였으며, 1947년 6월에 국제올림픽위원회(IOC)의 정식 회원국으로 승인을 받아 조선올림픽위원회(KOC)로 등록하였다.

1948년 대한민국 정부 수립과 함께 대한체육회와 대한올림픽위원회로 개명하였고, 1968년 3월에 대한올림픽위원회가 대한체육회에 흡수 통합되었고, 2009년 6월에는 대한체육회의 특별위원회로 존재하던 대한올림픽위원회를 폐지하고 대한체육회가 대한올림픽위원회의 지위를 승계하게 되었다.

대한체육회는 경기단체의 사업과 활동에 대한 지도와 지원, 체육경기대회의 개최와 국제교류, 선수양성과 경기력향상 등 전문체육 진흥, 체육인의 복지향상, 국가대표 은퇴선수 지원 사업, 그밖에 체육진흥을 위하여 필요한 사업과 활동을 설립 목적으로 하고 있다.

2015년에는 대한체육회와 국민생활체육회를 통합하기 위한 통합추진위원회를 구성하여 통합을 결의하고, 2016년에 관련법을 개정하여 통합작업을 진행하였다. 그래서 앞 절에서 설명한 '지방자치단체 체육단체'가 체육회, 국민생활체육회, 장애인체육회 3개 단체가 하나로 통합된 경우, 2개 단체만 통합된 경우, 각각 독립적으로 운영되는 경우로 나누어지게 되었다.

그림은 대한체육회와 국제스포츠단체(예 : IOC, SpotAccord)와의 관계, 대한체육회와 가맹단체(중앙 · 시도 · 해외)와의 관계, 대한체육회와 시 · 도체육회, 재외한인체육단체, 시 · 군 · 구체육회와의 관계, 대한체육회의 의사

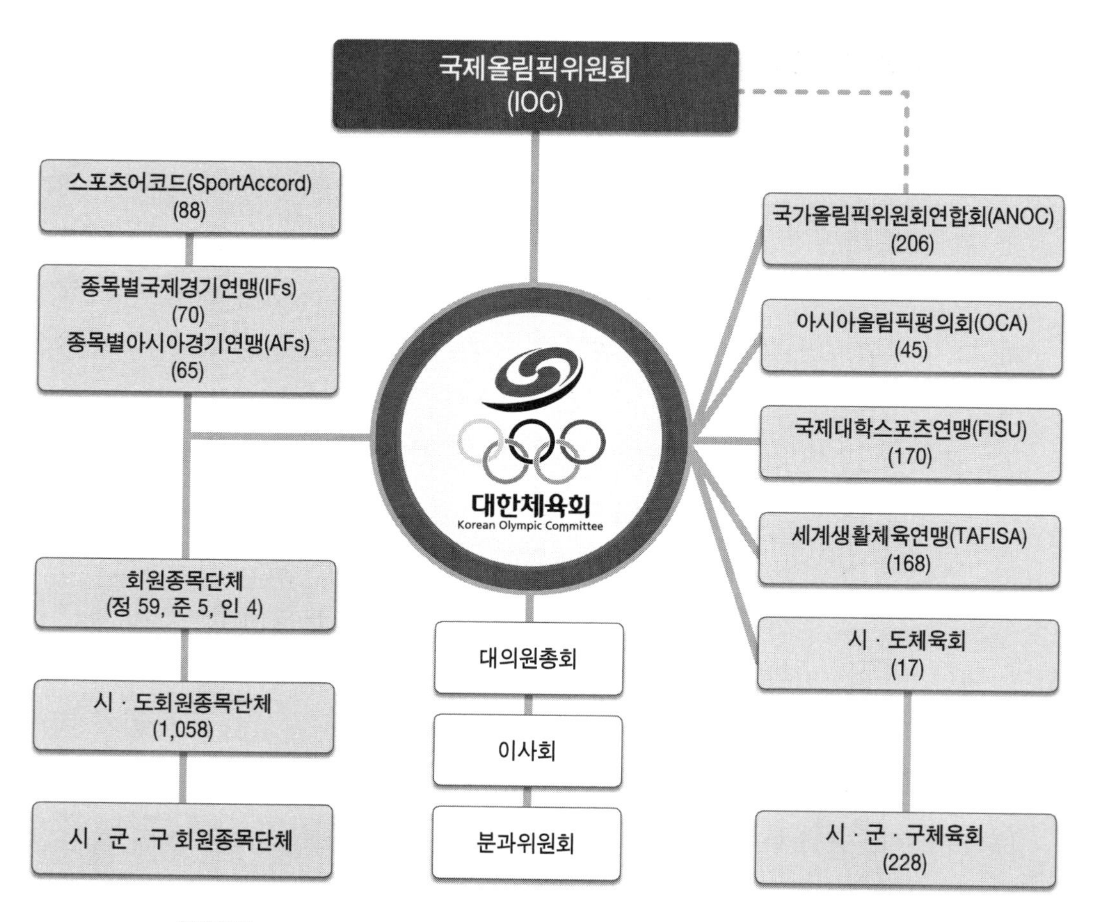

그림 국 · 내외 스포츠단체 조직도(2016 대한체육회 결과보고서, 2017)

결정기관을 그림으로 나타낸 것이다.

대한체육회에는 74개의 중앙가맹단체, 849개의 시 · 도 가맹단체, 해외가맹단체가 가입되어 있고, 시 · 도체육회 17개, 시 · 군 · 구체육회 214개, 재외한인체육단체 18개가 하부조직으로 편성되어 있어서 명실상부한 우리나라 최대의 체육단체이다.

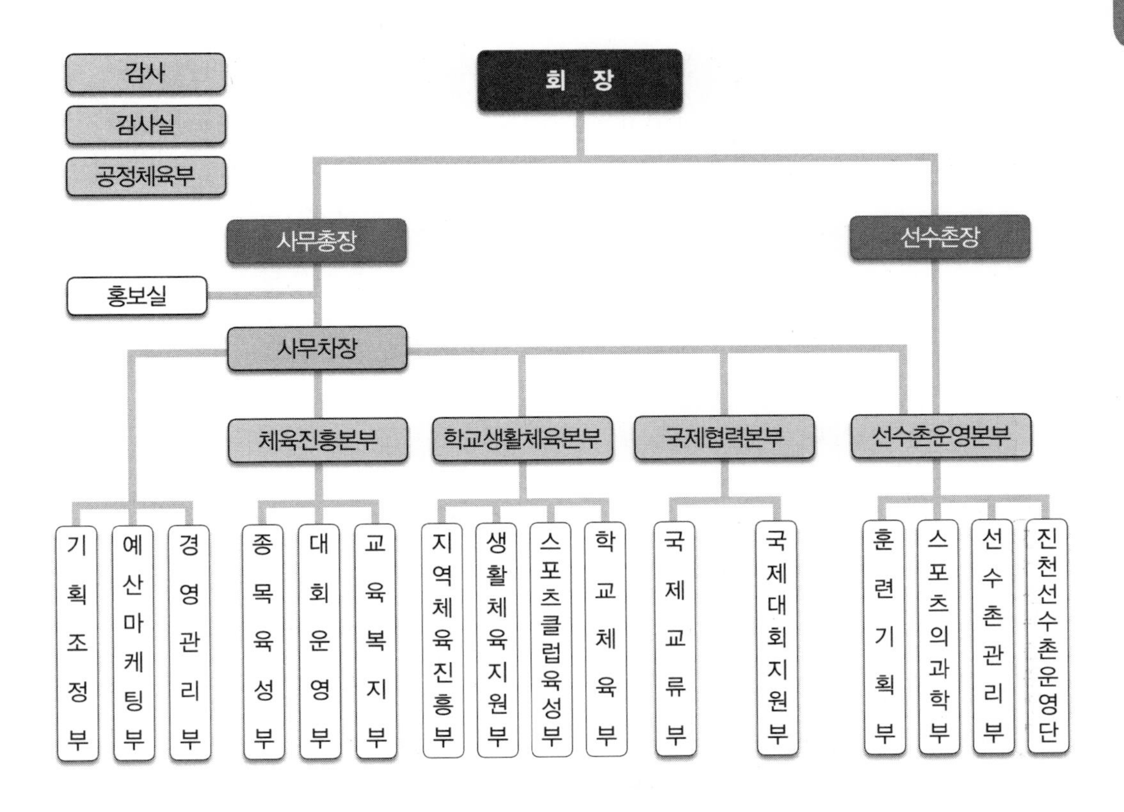

그림 통합체육회 조직도(문화체육관광부 통합백서, 2016)

그러나 시 · 도체육회와 시 · 군 · 구체육회는 대한체육회의 하부조직인지 정부조직의 하부조직인지가 불분명하기 때문에 체육행정 업무를 수행하기에는 어려움이 있다.

그림은 대한체육회의 행정조직이다. 그림에 있는 것처럼 대한체육회는 회장 아래 사무총장과 선수촌장이 있고, 사무총장과 선수촌장을 보좌하기 위하여 사무차장이 있다.

공정체육센터는 감사의 업무와 함께 스포츠의 공정성을 확보하기 위한 업무를 담당하는 부서이고, 사무차장 직속으로 기획, 경영, 인사, 교육부가 있어서 전체적인 총괄업무를 수행하고 있다.

체육진흥 본부, 국제협력 본부, 선수촌운영 본부, 진천선수촌 운영단은 본부장 또는 단장의 책임 하에 2~4개의 부를 두어 해당업무를 관장하고 있으며, 총 174명의 인력이 체육행정 업무를 수행하고 있다.

나. 구 국민생활체육회

서울아시아경기대회와 서울올림픽대회를 성공적으로 개최한 이후 일반 국민들의 건강과 여가선용에 대한 관심이 커지고, 전국 각지에서 활동하고 있는 체육 동호인 단체들을 효과적으로 지원해야 할 필요성이 증대됨에 따라 1991년 2월에 비영리사단법인 '국민생활체육협의회'로 출발하였다.

생활체육 진흥을 통한 국민건강과 체력증진, 국민의 건강한 여가선용과 선진체육문화 창달, 세계 한민족의 동질성과 조국애의 함양을 통한 통일기반 조성을 설립목적으로 하였으며, 2009년 6월 '국민생활체육회'로 이름을 개명하였다.

2016년에는 3월에는 전문체육과 생활체육의 유기적인 발전을 도모하고, 학교체육, 생활체육, 전문체육이 상호 연계하여 선진 스포츠 시스템을 구축하기 위하여 대한체육회와 통합하였다.

구 국민생활체육회는 2015년 2월 말 기준 협력단체 4개, 등록단체 42개, 시 · 도 생활체육회 17개, 시 · 군 · 구생활체육회 228개, 국민생활체육전국종목별연합회 68개, 국민생활체육시 · 도종목별연합회 100종목 810개, 국민생활체육시 · 군 · 구종목별연합회 176종목 6949개, 생활체육동호인클럽

약 11만개의 회원 약 530만 명에 달하는 거대 단체였다.

그러한 거대 단체를 대한체육회에 무리하게 흡수 통합시킴으로써 체육행정 또는 스포츠복지 정책의 수행이 어려울 것이라고 걱정하는 사람이 많다.

다. 대한장애인체육회

올림픽과 장애인올림픽을 같은 장소에서 같은 시설을 이용해서 최초로 개최한 것이 '88서울올림픽대회이다. 서울장애인올림픽대회 개최 이후 장애인체육의 전문화 · 체계화 · 엘리트화가 급속도로 진행되자 국민체육진흥법을 개정하여 대한장애인체육회를 설립해야 한다는 주장이 설득력을 갖게 되었다.

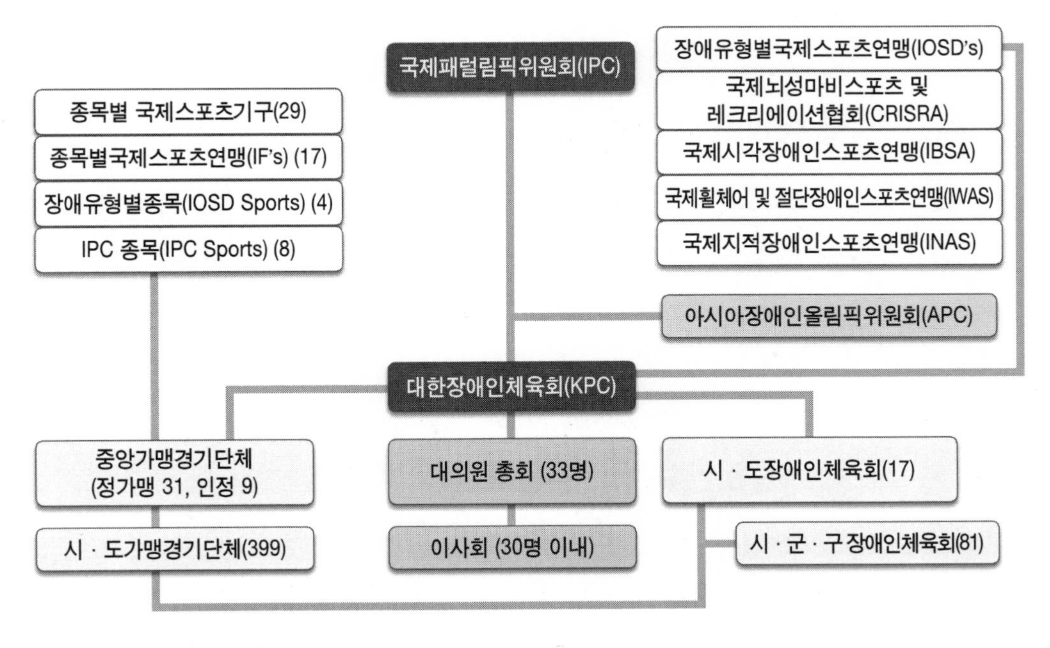

그림 국내 · 외 장애인체육회 조직도(대한장애인체육회, 2016)

2005년 11월에 장애인 선수 육성 및 각종 국제대회 파견을 통한 국위선양과 다양한 장애인 생활체육 프로그램의 개발 · 보급 등으로 체육을 통한 삶의 질 향상을 목적으로 대한장애인체육회가 설립되었다.

2006년에는 대한장애인올림픽위원회를 설립함으로써 국제장애인올림픽위원회와 독점적 교섭권을 갖는 우리나라를 대표하는 유일한 단체가 되었다.

그림에서 알 수 있는 것처럼 대한장애인체육회는 국제적으로는 국제장애인올림픽위원회, 29개의 종목별 국제스포츠기구, 17개 종목별국제스포츠연맹, 장애유형별 국제스포츠기구 등과 유기적인 협력관계를 유지하고 있다.

국내적으로는 17개 시 · 도 장애인체육회와 31개 가맹경기단체가 있고, 그 밑에 71개 시 · 군 · 구 장애인체육회와 396개의 시 · 도 가맹경기단체가 있다. 행정조직과 인력은 2015년 2월 말 기준 회장과 사무총장 밑에 1원 1실 6부 1팀 70명으로 운영되고 있다.

라. 서울올림픽기념 국민체육진흥공단

'88서울올림픽대회를 성공적으로 개최한 것을 기념하고, 올림픽의 숭고한 정신과 성과를 보존 및 발전시키며, 그 결과를 국민 모두가 향유할 수 있도록 국민체육진흥법을 개정해서 1989년 4월에 '서울올림픽기념 국민체육진흥공단'을 설립하였다.

국민체육진흥공단은 국민체육의 진흥, 스포츠 경기수준의 향상 및 청소년 육성과 관련한 사업을 지원하고, 서울 하계올림픽대회 기념사업을 수행하기 위하여 기금을 조성 · 운영 및 관리하는 것을 목적으로 하고 있다.

그림은 국민체육진흥공단 조직도이다. 조직도에서 알 수 있는 바와 같이 국민체육진흥공단에는 이사장 밑에 홍보실과 스포츠개발원, 전무이사가 이

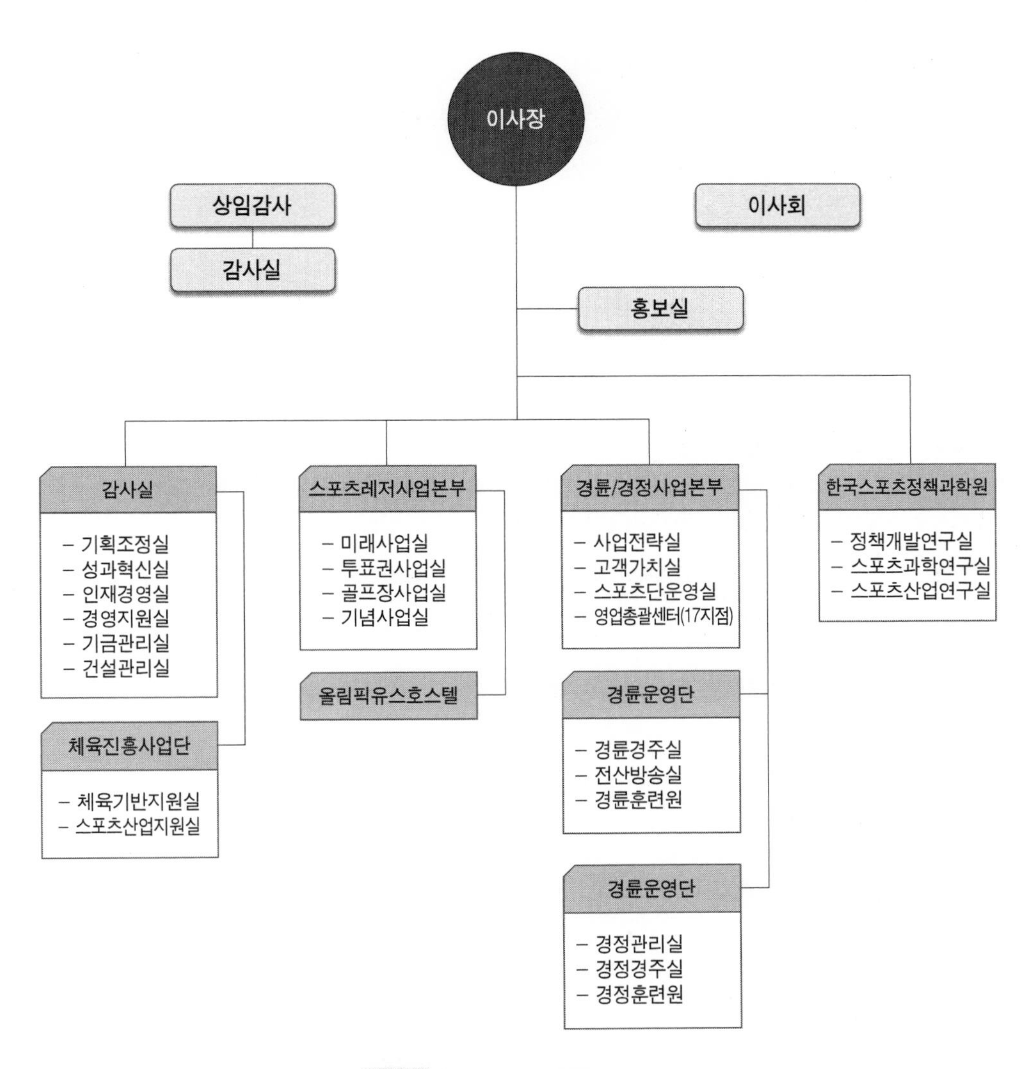

그림 국민체육진흥공단 조직도

끄는 공단본부, 본부장이 이끄는 스포츠레저산업본부와 경륜 · 경정사업본부가 있고, 별도로 이사회, 상임감사, 감사실이 있다.

공단본부에는 8실 24팀에 190명, 스포츠레저산업본부에는 4실 17팀에 146명, 경륜 · 경정산업본부에는 22실 28팀에 319명, 한국스포츠개발원에는 3실 7팀에 91명, 한국체육산업개발(주)에는 6실 13팀에 175명이 근무하고 있다.

국민체육진흥공단은 우리나라 체육복지 정책을 수행하는 단체 중에서 가장 으뜸이 되는 단체라고 할 수 있다.

마. 한국도핑방지위원회

스포츠윤리의 실천, 선수의 건강보호, 모든 선수에게 평등한 기회 보장을 위하여 1967년에 IOC 의무분과위원회가 발족되면서 금지약물 목록을 발표하였다. 1999년 11월에는 스위스 로잔에 세계도핑방지기구(WADA)가 설립되었으며, 2003년 코펜하겐 선언을 통해서 세계도핑방지규약(WADC)을 선포하였다.

우리나라에서도 도핑을 방지하는 전문기구를 설립해야 할 필요성이 크게 대두되어 2006년 11월에 한국도핑방지위원회가 설립되었고, 2007년 2월에 UNESCO반도핑국제협약을 비준 · 수용하였다.

한국도핑방지위원회는 도핑방지를 위한 교육, 홍보, 정보수집 및 연구, 도핑검사 계획의 수립과 집행, 도핑검사 결과의 관리와 그 결과에 따른 제재, 도핑방지를 위한 국내 · 외 교류와 협력, 치료목적으로 사용되는 약물이나 방법을 예외적으로 사용하는 것에 대한 허용기준의 수립과 시행, 그밖에 도핑방지를 위하여 필요한 사업과 활동을 목적으로 하고 있다.

그림은 한국도핑방지위원회의 조직도이다. 사무국은 1실 2부로 구성되어 있다. 기획홍보부는 도핑방지를 위한 교육 · 홍보 계획 수립 및 집행, 현장

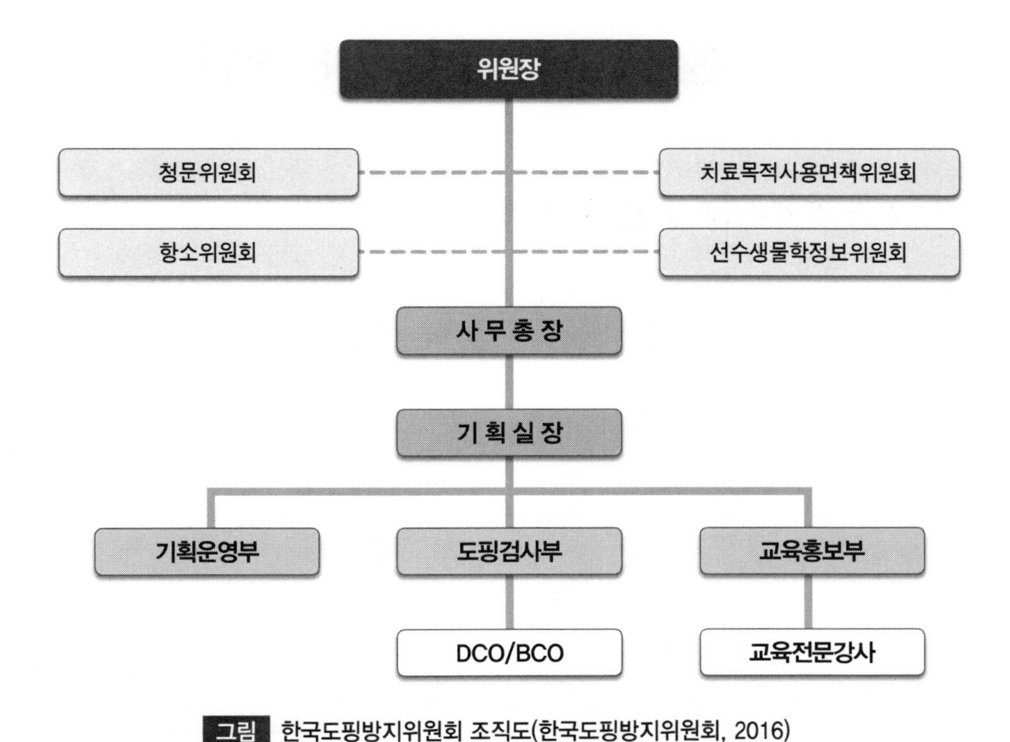

그림 한국도핑방지위원회 조직도(한국도핑방지위원회, 2016)

홍보 및 홈페이지 운영의 업무를 수행하고 있다. 도핑검사부는 도핑검사 계획 수립 및 집행, 도핑검사 결과 및 제재 관리, 도핑검사관 양성 및 관리 등의 업무를 수행하고 있다.

인원은 위원장과 사무총장을 비롯하여 총 15명의 임직원들이 업무를 수행하고 있다.

2. 스포츠복지를 위한 재원

1) 스포츠복지를 위한 재원의 구성

우리나라는 아직 스포츠복지라는 용어가 법률적으로 인정되지 않고 있는 상태이기 때문에 '체육진흥을 위한 재원'과 '스포츠복지를 위한 재원'을 같은 의미로 보고 혼용하기로 한다.

우리나라의 스포츠복지 재원은 크게 중앙정부의 국고예산, 국민체육진흥기금, 지방자치단체의 지방비, 민간체육단체의 자체재원으로 구성되어 있으며, 구체적인 내역은 표와 같다.

체육진흥재원의 구성 (단위 : 억 원)

연도	국고	국민체육진흥기금	지방비	체육단체	합계
2008	2,343	2,578	24,808	1,574	31,303
2009	2,135	3,860	25,949	2,146	34,090
2010	1,529	5,295	26,193	2,327	35,344
2011	1,559	6,568	25,677	2,134	35,938
2012	1,516	7,251	28,198	2,365	39,330
2013	1,717	8,799	32,130	2,724	45,836
2014	1,488	8,951	35,527	2,045	48,290
2015	1,344	11,605	34,819	3,690	51,458
2016	1,357	13,000	36,695	4,327	55,379

1. 국고 : 문화체육관광부 체육국 예산
2. 국민체육진흥기금 : 체육진흥사업만 작성
3. 지방비 : 시 · 도 및 시 · 군 · 구 일반회계 최종예산
4. 체육단체 : 대한체육회, 시 · 도 및 시 · 군 · 구 체육회와 회원종목단체 자체수입 예산, 대한장애인체육회 자체수입 예산, 한국도핑방지위원회, 스포츠안전재단, 태권도진흥재단, 평창조직위원회 자체수입

※ 출처 : 문화체육관광부 내부자료(2016)

표에서 알 수 있는 바와 같이 2008년 3조 1,303억 원이었던 스포츠복지 예산 총액이 2015년에는 5조 1,458억 원으로 증가하여 8년 동안에 약 1.6배가 되었다. 그러나 그 내용을 들여다보면 국고는 2008년의 2,343억 원에서 2015년 1,344억 원으로 반 토막이 났고, 반대로 기금, 지방비, 체육단체의 자체예산은 증가하였다.

같은 기간 동안에 사회복지에 사용한 국고는 약 2배 증가한 것과 비교하면 이명박 정부와 박근혜 정부에서는 스포츠복지에 사용하던 국고예산을 다른 분야의 복지예산으로 전용함으로써 상대적으로 스포츠계를 푸대접하였다는 것을 알 수 있다.

전 세계적으로 스포츠권을 인정하는 국가가 늘어나는 추세라는 사실과, 스포츠권을 국민의 기본권으로 보는 시각이 절대적이라는 것과 비교하면 우리나라의 스포츠복지 정책은 세계적인 추세와 역행하고 있다고 말할 수밖에 없다.

그리고 스포츠복지를 국민에 대한 국가의 의무로 본다면 민간체육단체의 자체재원을 증가시키라고 정부가 요구해서는 안 된다. 민간체육단체의 자체재원이 회원 수의 증가 등에 힘입어서 자연스럽게 증가되는 것은 바람직한 일이지만, 자체예산을 증가시켜서 재정자립도를 높이라고 정부가 요구하는 것은 스포츠복지를 복지로 보는 것이 아니라 사업으로 보기 때문이다.

마지막으로 스포츠복지를 위한 재원을 국고, 기금, 지방비, 체육단체 이외에 민간기금을 추가하는 방법을 모색하여야 할 것이다. 사회복지나 의료복지 등에는 민간기금이 재원으로 들어가 있는데 스포츠복지에는 없다. 예를 들어 프로구단 연합회 같은 민간단체에서 스포츠복지에 사용할 수 있는 기금을 마련할 수도 있을 것이다.

2) 중앙정부의 스포츠복지 재원

표는 정부예산에서 체육예산이 차지하는 비율을 알아보기 쉽게 정리한 것이다. 표에서 알 수 있는 바와 같이 2008년도에 0.13%였던 것이 2015년에는 0.05%로 약 1/3로 줄어버렸다.

스포츠복지 예산이 전체 예산의 0.05%밖에 되지 않는 나라가 올림픽 등 국제스포츠 경기대회에서 세계 10위권 안에 든다는 것도 이상하고, OECD 회원국 중에 스포츠복지 예산이 전체 예산의 0.1% 이하인 나라가 있는지도 의문스럽다.

표에 제시된 통계에는 시 · 도 교육청의 체육예산이 빠져 있기 때문에 과소평가된 것도 사실이지만, 우리나라 정부의 스포츠복지 정책이 너무나 허약하다는 것을 단적으로 드러내고 있다.

체육분야별 국고예산 현황 (단위 : 백만 원)

구 분	2008	2009	2010	2011	2012	2013	2014	2015	2016
생활체육	17,649	12,863	93,896	96,547	89,248	104,227	146,491	132,976	134,357
전문체육	193,058	177,563	42,404	43,128	40,845	47,131	–	–	–
국제교류	12,998	7,970	7,609	7,126	9,802	10,316	1,011	876	886
스포츠산업	6,262	8,269	3,244	3,444	3,759	3,496	985	200	190
장애인체육	4,110	6,610	5,550	5,401	7,747	6,307	110	110	110
기 타	263	244	226	220	214	205	241	245	233
합 계	234,340	213,519	152,929	155,866	151,615	171,682	148,838	134,407	135,776

※ 주 : 기타는 체육국의 기본사업비
※ 출처 : 2016년도 체육예산기금사업현황(2016)

표는 중앙정부의 체육예산을 생활체육, 전문체육, 국제교류, 스포츠산업, 장애인체육, 기타로 나누어서 정리한 것이다. 표에서 체육예산이 모든 분야에서 감소한 것은 국고에서 지출하던 체육 분야 예산의 대부분을 국민체육진흥기금에서 지출하도록 바꾸었기 때문이다.

이것을 예산지출처가 정부에서 진흥기금으로 바뀌었을 뿐이라고 단순하게 생각해서는 안 된다. 이것은 정부가 수행해야 할 의무가 있는 스포츠복지 업무를 국민체육진흥공단으로 이관하려고 한다는 중요한 의미가 있다.

국민체육진흥공단은 어디까지나 민간체육단체이지 정부부서가 아니라는 사실을 망각한 것이다. 특히 2014년과 2015년의 전문체육 예산이 0원이었다. 전문체육을 육성할 책임이 국가에 있다는 것을 다시 한 번 상기하고, 중앙정부의 스포츠복지 예산을 하루 속히 정상적으로 편성하기를 바랄 뿐이다.

정부예산 대비 체육예산 현황

(단위 : 억 원)

연 도	정부예산(A)	문화체육관광부		체육부문	
		예산(B)	점유율(B/A, %)	예산(C)	점유율(C/A, %)
2008	1,782,797	15,136	0.85	2,343	0.13
2009	2,041,000	16,579	0.81	2,135	0.11
2010	2,053,312	18,166	0.88	1,529	0.07
2011	2,099,303	19,603	0.93	1,559	0.07
2012	2,231,384	20,933	0.94	1,514	0.07
2013	2,436,433	22,706	0.94	1,715	0.07
2014	2,507,885	23,258	0.93	1,488	0.06
2015	2,585,856	25,546	0.99	1,344	0.05
2016	2,683,871	27,697	1.03	1,357	0.05

※ 주 : 동 표는 당초 예산만 해당
※ 출처 : 2016년 나라살림 예산개요(2016), 문화체육관광부 홈페이지(2016)

3) 지방자치단체의 스포츠복지 재원

지방자치단체의 체육예산은 중앙정부(문화관광체육부의 체육관련 부서)의 국고예산, 국민체육진흥기금, 중앙정부 및 공공기관의 교부금과 지원금, 그리고 지방자치단체의 지방비로 구성된다.

그러므로 지방비를 제외한 나머지 예산(국고, 기금, 교부금, 지원금)이 많아지면 지방자치단체의 체육예산도 당연히 많아진다. 쉽게 말해서 정부예산이 증가되면 그 예산에서 돈을 타다 쓰는 광역자치단체의 예산이 증가하기 마련이고, 광역자치단체의 예산이 증가하면 광역자치단체에서 돈을 타다 쓰는 기초자치단체의 예산도 증가하기 마련이다.

다음 표는 2015년도와 2016년도의 광역자치단체와 기초자치단체의 예산총액과 체육예산을 정리해놓은 것이다. 서울특별시의 2015년도 예산총액을 예로 들어 설명하면 26조 5137억 78백만 원은 서울특별시청에서 사용할 예산이고, 11조 3146억 18백만 원은 종로구 등 각 구청에서 사용할 예산을 모두 합한 것이다. 그러므로 서울특별시의 2015년도 예산총액은 2가지를 합한 37조 8283억 96백만 원이다.

앞 절에서 중앙정부의 체육예산이 전체 예산의 0.05~0.13%였는데, 광역자치단체의 체육예산은 전체 예산의 0.51~2.8%에 달하고 있다. 이것이 광역자치단체의 체육예산이 중앙정부보다 상대적으로 높다는 것을 의미하는 것이 아니라, 기금과 지방비 등이 체육예산에서 차지하는 비율이 상대적으로 높다는 의미이다.

표는 지방자치단체의 2015년도 체육예산을 분야별로 분류해서 정리한 것이다. 체육예산을 분야별로 분류했을 경우 체육시설비, 공공체육시설위탁관리비, 전문체육, 생활체육의 순으로 예산이 많다는 것은 국민 누구나 쉽게

⊛ 광역자치단체 체육예산

(단위 : 백만 원)

자치단체명	2016년도			2017년도		
	자치단체 예산총액(A)	체육예산(B)	비율 B/A×100(%)	자치단체 예산총액(A')	체육예산(B')	비율 B'/A'×100(%)
서울특별시	34,615,317	154,560	0.45	33,710,681	153,908	0.46
부산광역시	8,092,040	80,430	0.99	7,746,803	96,144	1.24
대구광역시	5,312,000	115,011	2.17	5,323,100	96,338	1.81
인천광역시	6,125,401	50,221	0.82	6,301,734	47,158	0.75
광주광역시	4,253,790	69,396	1.63	4,039,754	67,142	1.66
대전광역시	3,229,408	94,049	2.91	2,997,198	80,133	2.67
울산광역시	3,855,880	49,059	1.27	3,247,105	61,683	1.90
세종특별자치시	1,428,760	18,686	1.31	1,412,783	22,474	1.59
경기도	17,979,979	94,588	0.53	19,162,780	79,456	0.41
강원도	5,130,320	72,734	1.42	5,294,629	81,403	1.54
충청북도	4,835,281	97,344	2.01	4,323,585	87,846	2.03
충청남도	6,715,900	48,896	0.73	5,172,467	45,844	0.89
전라북도	5,734,406	53,870	0.94	5,158,525	40,316	0.78
전라남도	5,555,583	46,957	0.85	5,711,221	42,537	0.74
경상북도	7,262,215	61,643	0.85	6,751,100	58,326	0.86
경상남도	8,300,430	58,432	0.70	6,957,854	61,421	0.88
제주특별자치도	2,804,726	42,165	1.50	2,872,182	33,910	1.18
합 계	131,231,436	1,208,041	점유율 0.92	126,183,501	1,156,039	점유율 0.92

※ 주 : 2016년도 자치단체 예산 총액=국비(일반회계+특별회계+기금)+지방비(시도비+시군구비 등), 일반회계 최종예산

※ 주 : 2017년도 자치단체 예산 총액=국비(일반회계+특별회계+기금)+지방비(시도비+시군구비 등), 일반회계 당초예산

※ 주 : 광역자치단체 예산만 계산(기초자치단체 보조금 제외)

※ 출처 : 각 광역자치단체별 내부자료(2016)

체육 · 스포츠에 접할 수 있도록 하기 위해서 체육시설을 확충한다고 생각할 수도 있지만, 쓸데없이 많은 돈을 들여서 체육시설만 만들어놓고 이용은 하지 않기 때문에 위탁관리비만 점점 더 많아진다고도 볼 수 있다.

그렇게 되면 정작 국민의 스포츠복지를 위해서 사용해야 할 돈을 쓸 수 없게 되므로 기존의 스포츠시설을 활용하는 방안을 적극적으로 모색해야 하고, 새로운 체육시설을 만들 때에는 사용계획을 철저히 검토해야 할 것이다.

기초자치단체별 체육예산

(단위 : 백만 원)

자치단체명		2016년도			2017년도		
		자치단체 예산총액(A)	체육예산 (B)	비율 B/A×100(%)	자치단체 예산총액(A')	체육예산 (B')	비율 B'/A'×100(%)
서울 (25)	종로구	351,879	9,309	2.65	299,385	8,436	2.82
	중구	370,608	12,195	3.29	337,994	9,825	2.91
	용산구	331,321	2,613	0.79	355,534	2,737	0.77
	성동구	389,669	9,053	2.32	410,633	9,245	2.25
	광진구	383,580	5,937	1.55	400,640	8,301	2.07
	동대문구	498,500	6,388	1.28	457,100	8,053	1.76
	종로구	351,879	9,309	2.65	299,385	8,436	2.82
	중구	370,608	12,195	3.29	337,994	9,825	2.91
	용산구	331,321	2,613	0.79	355,534	2,737	0.77
	성동구	389,669	9,053	2.32	410,633	9,245	2.25
	광진구	383,580	5,937	1.55	400,640	8,301	2.07
	동대문구	498,500	6,388	1.28	457,100	8,053	1.76
	중랑구	513,536	7,537	1.47	500,366	6,913	1.38
	성북구	659,844	11,110	1.68	560,466	5,855	1.04
	강북구	555,087	3,223	0.58	540,875	3,526	0.65
	도봉구	399,831	1,366	0.34	434,417	1,568	0.36

자치단체명		2016년도			2017년도		
		자치단체 예산총액(A)	체육예산 (B)	비율 B/A×100(%)	자치단체 예산총액(A')	체육예산 (B')	비율 B'/A'×100(%)
서울 (25)	노원구	703,582	7,669	1.09	668,991	14,217	2.13
	은평구	585,788	5,877	1.00	604,498	5,944	0.98
	서대문구	390,398	1,792	0.46	420,435	2,605	0.62
	마포구	498,354	4,005	0.80	530,655	4,649	0.88
	양천구	466,089	11,263	2.42	498,090	11,489	2.31
	강서구	624,022	7,272	1.17	688,074	8,433	1.23
	구로구	457,248	6,815	1.49	492,310	6,205	1.26
	금천구	389,839	13,812	3.54	361,111	6,866	1.90
	영등포구	456,508	7,075	1.55	471,238	7,347	1.56
	동작구	521,333	5,262	1.01	451,118	1,272	0.28
	관악구	545,312	5,354	0.98	538,500	5,877	1.09
	서초구	478,449	1,928	0.40	557,618	2,003	0.36
	강남구	668,585	7,122	1.07	676,410	7,022	1.04
	송파구	577,004	5,776	1.00	607,580	6,238	1.03
	강동구	535,179	11,192	2.09	492,483	7,817	1.59
	소 계	12,351,545	170,945	1.38	12,356,521	162,443	1.31
부산 (16)	중구	167,201	823	0.49	166,467	807	0.48
	서구	263,876	1,343	0.51	213,601	782	0.37
	동구	232,912	5,265	2.26	232,246	3,846	1.66
	영도구	261,354	928	0.36	269,966	970	0.36
	부산진구	455,570	5,717	1.25	410,546	1,695	0.41
	동래구	326,822	789	0.24	270,732	718	0.27
	남구	363,888	3,774	1.04	258,539	2,998	1.16
	북구	324,546	1,305	0.40	347,732	1,493	0.43
	해운대구	513,832	2,274	0.44	457,307	1,910	0.42

자치단체명		2016년도			2017년도		
		자치단체 예산총액(A)	체육예산 (B)	비율 B/A×100(%)	자치단체 예산총액(A')	체육예산 (B')	비율 B'/A'×100(%)
부산 (16)	사하구	457,328	2,195	0.48	386,820	2,226	0.58
	금정구	339,721	4,422	1.30	301,647	3,712	1.23
	강서구	279,810	1,473	0.53	232,417	1,182	0.51
	연제구	298,968	2,793	0.93	245,225	2,379	0.97
	수영구	208,579	1,074	0.51	224,583	1,109	0.49
	사상구	292,030	1,104	0.38	297,684	1,469	0.49
	기장군	416,864	7,839	1.88	400,079	8,812	2.20
	소 계	5,203,301	43118	0.83	4,715,591	36108	0.77
대구 (8)	중 구	262,849	816	0.31	201,237	860	0.43
	동 구	525,400	1,951	0.37	490,700	2,919	0.59
	서 구	321,450	4,024	1.25	296,300	1,802	0.61
	남 구	316,600	10,759	3.40	280,500	1,603	0.57
	북 구	463,800	2,201	0.47	485,500	3,635	0.75
	수성구	558,586	3,539	0.63	481,986	2,728	0.57
	달서구	640,145	5,561	0.87	605,400	4,152	0.69
	달성군	540,000	12,146	2.25	647,000	32,722	5.06
	소 계	3,628,830	40,997	1.13	3,488,623	50,421	1.45
인천 (10)	중구	349,425	2,394	0.69	258,811	1,829	0.71
	동구	180,116	1,555	0.86	203,804	1,987	0.97
	남구	546,783	6,483	1.19	499,160	7,967	1.60
	연수구	456,722	2,632	0.58	437,749	3,317	0.76
	남동구	564,395	9,664	1.71	640,180	7,481	1.17
	부평구	582,981	5,065	0.87	596,451	4,180	0.70
	계양구	415,746	2,521	0.61	373,581	2,725	0.73
	서구	632,195	3,267	0.52	572,299	3,874	0.68

자치단체명		2016년도			2017년도		
		자치단체 예산총액(A)	체육예산 (B)	비율 B/A×100(%)	자치단체 예산총액(A')	체육예산 (B')	비율 B'/A'×100(%)
인천 (10)	강화군	367,256	5,678	1.55	389,086	8,123	2.09
	옹진군	351,829	3,856	1.10	262,379	3,417	1.30
	소 계	4,447,448	43,115	0.97	4,233,500	44,900	1.06
광주 (5)	동구	249,631	4,538	1.82	198,021	708	0.36
	서구	357,649	2,544	0.71	368,398	2,601	0.71
	남구	347,042	3,833	1.10	285,300	1,420	0.50
	북구	557,915	2,948	0.53	492,969	2,450	0.50
	광산구	499,802	6,559	1.31	503,275	8,017	1.59
	소 계	2,012,039	20,422	1.01	1,847,963	15,196	0.82
대전 (5)	동구	387,413	1,190	0.31	364,531	1,073	0.29
	중 구	365,950	1,730	0.47	380,777	1,797	0.47
	서 구	526,848	13,865	2.63	558,442	5,139	0.92
	유성구	441,224	3,358	0.76	404,183	7,244	1.79
	대덕구	329,914	1,609	0.49	305,377	2,166	0.71
	소 계	2,051,349	21,752	1.06	2,013,310	17,419	0.87
울산 (5)	중구	273,079	2,991	1.10	293,202	3,363	1.15
	남구	348,953	9,979	2.86	389,121	7,759	1.99
	동구	240,289	5,119	2.13	235,358	4,056	1.72
	북구	245,233	9,168	3.74	260,367	10,086	3.87
	울주군	719,427	27,493	3.82	1,052,577	28,307	2.69
	소 계	1,826,981	54,750	3.00	2,230,625	53,571	2.40
경기 (31)	수 원 시	2,267,213	73,279	3.23	2,405,405	49,855	2.07
	고 양 시	1,657,328	15,220	0.92	1,392,564	10,243	0.74
	성 남 시	2,333,635	48,522	2.08	2,625,068	51,360	1.96
	용 인 시	1,881,559	69,213	3.68	1,550,163	73,360	4.73

자치단체명		2016년도			2017년도		
		자치단체 예산총액(A)	체육예산 (B)	비율 B/A×100(%)	자치단체 예산총액(A')	체육예산 (B')	비율 B'/A'×100(%)
경기 (31)	부천시	2,015,777	51,953	2.58	1,461,570	44,164	3.02
	안산시	1,782,824	18,591	1.04	1,813,338	16,416	0.91
	남양주시	1,392,823	36,680	2.63	1,198,089	34,128	2.85
	안양시	1,285,883	29,006	2.26	1,092,500	27,929	2.56
	화성시	1,989,721	81,535	4.10	1,681,266	33,603	2.00
	평택시	910,089	14,861	1.63	1,002,974	15,383	1.53
	의정부시	702,656	8,445	1.20	643,953	9,570	1.49
	시흥시	731,753	21,828	2.98	802,138	45,282	5.65
	파주시	882,137	14,057	1.59	1,001,995	11,663	1.16
	김포시	1,442,441	9,253	0.64	1,084,798	10,540	0.97
	광명시	771,986	8,479	1.10	748,100	10,272	1.37
	광주시	706,292	24,837	3.52	587,346	12,262	2.09
	군포시	507,712	15,122	2.98	444,770	13,409	3.01
	오산시	387,294	5,479	1.41	397,609	6,639	1.67
	이천시	914,901	13,185	1.44	656,887	8,313	1.27
	양주시	560,666	18,563	3.31	625,468	17,837	2.85
	안성시	537,785	6,549	1.22	468,407	15,732	3.36
	구리시	341,909	6,490	1.90	325,413	6,467	1.99
	포천시	629,020	10,732	1.71	407,954	5,993	1.47
	의왕시	309,611	4,978	1.61	368,033	8,014	2.18
	하남시	504,867	12,424	2.46	513,526	11,365	0.00
	여주시	622,032	13,201	2.12	475,563	7,117	1.50
	동두천시	467,788	3,405	0.73	408,038	2,311	0.57
	과천시	254,722	3,895	1.53	206,232	5,686	2.76
	양평군	390,065	24,174	6.20	407,189	5,779	1.42

자치단체명		2016년도			2017년도		
		자치단체 예산총액(A)	체육예산 (B)	비율 B/A×100(%)	자치단체 예산총액(A')	체육예산 (B')	비율 B'/A'×100(%)
경기 (31)	가 평 군	373,861	12,535	3.35	309,474	14,297	4.62
	연 천 군	403,474	4,272	1.06	426,695	4,334	1.02
	소 계	29,959,824	680,763	2.27	27,532,525	577,969	2.10
강원 (18)	춘천시	974,886	11,834	1.21	973,646	11,712	1.20
	원주시	1,269,599	11,986	0.94	964,887	9,746	1.01
	강릉시	650,654	13,674	2.10	758,451	13,057	1.72
	동해시	386,007	7,876	2.04	312,899	7,347	2.35
	태백시	391,613	15,569	3.98	303,304	13,343	4.40
	속초시	259,545	4,409	1.70	285,470	4,007	1.40
	삼척시	522,550	16,252	3.11	458,086	21,619	4.72
	홍천군	536,894	27,848	5.19	426,196	12,573	2.95
	횡성군	330,683	10,099	3.05	303,207	14,740	4.86
	영월군	357,349	9,242	2.59	350,083	8,608	2.46
	평창군	453,392	13,701	3.02	463,509	9,533	2.06
	정선군	387,230	8,724	2.25	324,999	6,628	2.04
	철원군	305,349	6,936	2.27	329,063	7,982	2.43
	화천군	255,635	8,713	3.41	260,408	10,631	4.08
	양구군	275,778	8,322	3.02	299,002	11,224	3.75
	인제군	268,499	10,711	3.99	287,136	11,231	3.91
	고성군	278,198	6,014	2.16	257,339	4,908	1.91
	양양군	271,907	14,427	5.31	281,707	5,882	2.09
	소 계	8,175,768	206,337	2.52	7,639,392	184,771	2.42
충북 (11)	청주시	2,189,748	41,448	1.89	2,031,072	19,902	0.98
	충주시	822,230	57,385	6.98	712,427	39,157	5.50
	제천시	707,531	23,511	3.32	638,654	10,113	1.58

자치단체명		2016년도			2017년도		
		자치단체 예산총액(A)	체육예산 (B)	비율 B/A×100(%)	자치단체 예산총액(A')	체육예산 (B')	비율 B'/A'×100(%)
충북 (11)	옥천군	415,087	7,876	1.90	360,615	5,151	1.43
	증평군	193,097	9,293	4.81	192,144	3,494	1.82
	괴산군	353,589	3,431	0.97	351,865	4,275	1.21
	음성군	380,400	8,808	2.32	464,200	10,691	2.30
	단양군	325,288	11,372	3.50	274,136	8,908	3.25
	진천군	409,705	13,118	3.20	412,774	11,215	2.72
	보은군	259,897	16,793	6.46	320,390	10,744	3.35
	영동군	401,062	10,369	2.59	368,140	6,894	1.87
	소 계	6,457,634	203,404	3.15	6,126,417	130,544	2.13
충남 (15)	천안시	1,660,000	36,413	2.19	1,730,000	29,433	1.70
	공주시	614,172	6,044	0.98	556,000	6,997	1.26
	보령시	726,793	17,127	2.36	609,600	14,697	2.41
	아산시	738,000	33,336	4.52	859,500	21,134	2.46
	서산시	658,256	11,570	1.76	724,141	15,737	2.17
	논산시	522,891	4,496	0.86	603,917	4,692	0.78
	계룡시	181,058	3,226	1.78	163,453	6,381	3.90
	당진시	895,534	12,974	1.45	821,092	18,621	2.27
	금산군	304,358	7,087	2.33	309,416	9,553	3.09
	부여군	531,700	8,449	1.59	555,051	8,368	1.51
	서천군	355,323	6,310	1.78	364,283	7,135	1.96
	청양군	326,330	5,298	1.62	340,091	8,527	2.51
	홍성군	525,522	11,612	2.21	506,380	7,394	1.46
	예산군	542,991	18,221	3.36	480,890	7,616	1.58
	태안군	463,347	8,498	1.83	452,896	8,351	1.84
	소 계	9,046,275	190,661	2.11	9,076,710	174,636	1.92

자치단체명		2016년도			2017년도		
		자치단체 예산총액(A)	체육예산 (B)	비율 B/A×100(%)	자치단체 예산총액(A')	체육예산 (B')	비율 B'/A'×100(%)
전북 (14)	전주시	1,485,100	24,604	1.66	1,429,726	19,503	1.36
	군산시	799,576	14,159	1.77	780,448	13,515	1.73
	익산시	902,967	5,908	0.65	860,969	6,574	0.76
	정읍시	563,961	6,343	1.12	612,462	5,678	0.93
	남원시	567,765	5,616	0.99	518,549	6,397	1.23
	김제시	633,400	3,878	0.61	605,910	3,260	0.54
	완주군	602,152	13,990	2.32	580,496	16,150	2.78
	진안군	361,008	6,314	1.75	345,791	5,589	1.62
	무주군	335,965	3,436	1.02	300,733	2,931	0.97
	장수군	332,048	5,267	1.59	276,644	4,081	1.48
	임실군	347,744	3,052	0.88	330,228	2,954	0.89
	순창군	338,435	6,783	2.00	302,558	7,159	2.37
	고창군	506,863	6,688	1.32	492,825	8,049	1.63
	부안군	441,889	3,957	0.90	483,878	5,011	1.04
	소 계	8,218,873	109,995	1.34	7 ,921,217	106,851	1.35
전남 (22)	목포시	537,949	8,615	1.60	652,913	9,197	1.41
	여수시	885,795	16,677	1.88	932,675	17,955	1.93
	순천시	904,433	22,214	2.46	1,010,235	5,162	0.51
	나주시	561,828	6,919	1.23	649,622	7,649	1.18
	광양시	739,309	10,776	1.46	757,500	13,414	1.77
	담양군	302,503	7,714	2.55	306,485	11,773	3.84
	곡성군	314,141	2,461	0.78	339,703	3,329	0.98
	구례군	225,293	3,707	1.65	232,431	3,759	1.62
	고흥군	460,512	3,527	0.77	486,387	3,393	0.70
	보성군	445,153	7,541	1.69	481,859	11,513	2.39

자치단체명		2016년도			2017년도		
		자치단체 예산총액(A)	체육예산 (B)	비율 B/A×100(%)	자치단체 예산총액(A')	체육예산 (B')	비율 B'/A'×100(%)
전남 (22)	화순군	370,200	3,048	0.82	379,905	5,228	1.38
	장흥군	327,019	1,927	0.59	379,905	5,228	1.38
	강진군	280,063	3,709	1.32	303,044	5,473	1.81
	해남군	448,447	11,277	2.51	463,028	13,657	2.95
	영암군	352,277	6,209	1.76	367,404	13,527	3.68
	무안군	386,473	2,846	0.74	386,895	5,048	1.30
	함평군	321,982	2,676	0.83	328,475	3,067	0.93
	영광군	367,109	6,075	1.65	373,804	5,975	1.60
	장성군	337,032	1,694	0.50	336,006	7,086	2.11
	완도군	342,297	3,557	1.04	427,612	6,540	1.53
	진도군	345,000	4,469	1.30	364,300	2,110	0.58
	신안군	409,318	1,968	0.48	418,719	2,052	0.49
	소 계	9,664,133	139,606	1.44	10,378,907	162,135	1.56
경북 (23)	포항시	1,584,200	29,580	1.87	1,573,600	28,751	1.83
	경주시	1,363,000	26,590	1.95	1,146,000	16,998	1.48
	김천시	924,000	12,361	1.34	871,000	15,828	1.82
	안동시	888,400	14,640	1.65	910,170	14,211	1.56
	구미시	1,184,300	25,222	2.13	1,057,300	24,320	2.30
	영주시	562,600	14,201	2.52	518,000	11,269	2.18
	영천시	637,287	6,102	0.96	644,418	7,848	1.22
	상주시	628,450	11,364	1.81	600,000	13,633	2.27
	문경시	534,300	13,291	2.49	567,300	9,257	1.63
	경산시	734,200	10,621	1.45	836,600	10,758	1.29
	군위군	312,087	12,175	3.90	313,515	7,732	2.47
	의성군	480,000	4,266	0.89	500,000	4,415	0.88

자치단체명		2016년도			2017년도		
		자치단체 예산총액(A)	체육예산 (B)	비율 B/A×100(%)	자치단체 예산총액(A')	체육예산 (B')	비율 B'/A'×100(%)
경북 (23)	청송군	330,451	7,024	2.13	304,479	4,408	1.45
	영양군	282,000	3,243	1.15	239,700	3,343	1.39
	영덕군	341,287	10,616	3.11	370,225	7,829	2.11
	청도군	317,311	1,512	0.48	300,000	1,604	0.53
	고령군	285,823	2,607	0.91	262,115	2,682	1.02
	성주군	391,000	4,161	1.06	378,000	7,126	1.89
	칠곡군	417,900	5,999	1.44	398,000	4,945	1.24
	예천군	365,525	7,615	2.08	374,541	12,600	3.36
	봉화군	372,915	3,568	0.96	389,248	3,598	0.92
	울진군	777,898	43,688	5.62	715,910	27,029	3.78
	울릉군	152,200	1,326	0.87	154,000	2,110	1.37
	소 계	13,867,134	271,772	1.96	13,424,121	242,294	1.80
경남 (18)	창원시	2,955,457	81,447	2.76	2,510,737	57,108	2.27
	진주시	1,039,368	6,473	0.62	1,080,084	7,490	0.69
	통영시	554,539	10,237	1.85	450,876	8,426	1.87
	사천시	525,272	8,802	1.68	473,002	7,743	1.64
	김해시	1,209,356	14,443	1.19	1,117,581	17,050	1.53
	밀양시	678,366	13,864	2.04	588,252	9,424	1.60
	거제시	681,538	13,288	1.95	639,714	11,666	1.82
	양산시	896,554	15,333	1.71	885,081	8,629	0.97
	의령군	298,049	5,043	1.69	272,607	1,974	0.72
	함안군	384,096	4,519	1.18	388,596	3,162	0.81
	창녕군	414,593	14,892	3.59	441,721	26,830	6.07
	고성군	371,841	6,055	1.63	381,861	6,722	1.76
	남해군	389,654	5,919	1.52	378,677	5,846	1.54

자치단체명		2016년도			2017년도		
		자치단체 예산총액(A)	체육예산 (B)	비율 B/A×100(%)	자치단체 예산총액(A')	체육예산 (B')	비율 B'/A'×100(%)
경남 (18)	하동군	417.958	10,449	2.50	385,118	7,766	2.02
	산청군	393,010	4,961	1.26	352,898	5,387	1.53
	함양군	324,338	4,221	1.30	385,075	6,302	1.64
	거창군	496,609	3,804	0.77	471,774	5,596	1.19
	합천군	541,250	3,935	0.73	476,512	4,249	0.89
	소 계	12,571,848	227,685	1.85	11,680,166	202,715	1.74
제주 (2)	제 주 시	1,095,733	23,831	2.17	1,044,253	12,924	1.24
	서귀포시	682,667	12,358	1.81	785,640	14,639	1.86
	소 계	1,778,400	36,189	2.03	1,829,893	27,563	1.51

※ 주 : 2016년도 자치단체 예산 총액=국비(일반회계+특별회계+기금)+지방비(시도비+시군구비 등), 일반회계 최종예산

※ 주 : 2017년도 자치단체 예산 총액=국비(일반회계+특별회계+기금)+지방비(시도비+시군구비 등), 일반회계 당초예산

※ 주 : 세종특별자치시는 기초자치단체가 없음으로 기초자치단체 체육예산항목 부재.

※ 출처 : 각 기초자치단체별 내부자료(2016)

부록

사회보장기본법

법률 제14839호(2017. 7. 26.)

제1장 총 칙

제1조(목적) 이 법은 사회보장에 관한 국민의 권리와 국가 및 지방자치단체의 책임을 정하고 사회보장정책의 수립 · 추진과 관련 제도에 관한 기본적인 사항을 규정함으로써 국민의 복지증진에 이바지하는 것을 목적으로 한다.

제2조(기본 이념) 사회보장은 모든 국민이 다양한 사회적 위험으로부터 벗어나 행복하고 인간다운 생활을 향유할 수 있도록 자립을 지원하며, 사회참여 · 자아실현에 필요한 제도와 여건을 조성하여 사회통합과 행복한 복지사회를 실현하는 것을 기본 이념으로 한다.

제3조(정의) 이 법에서 사용하는 용어의 뜻은 다음과 같다.

1. "사회보장"이란 출산, 양육, 실업, 노령, 장애, 질병, 빈곤 및 사망 등의 사회적 위험으로부터 모든 국민을 보호하고 국민 삶의 질을 향상시키는 데 필요한 소득 · 서비스를 보장하는 사회보험, 공공부조, 사회서비스를 말한다.
2. "사회보험"이란 국민에게 발생하는 사회적 위험을 보험의 방식으로 대처함으로써 국민의 건강과 소득을 보장하는 제도를 말한다.
3. "공공부조"(公共扶助)란 국가와 지방자치단체의 책임 하에 생활 유지 능력이 없거나 생활이 어려운 국민의 최저생활을 보장하고 자립을 지원하는 제도를 말한다.
4. "사회서비스"란 국가 · 지방자치단체 및 민간부문의 도움이 필요한 모든 국민에게 복지, 보건의료, 교육, 고용, 주거, 문화, 환경 등의 분야에서 인간다운 생활을 보장하고 상담, 재활, 돌봄, 정보의 제공, 관련 시설의 이용, 역량 개발, 사회참여 지원 등을 통하여 국민의 삶의 질이 향상되도록 지원하는 제도를 말한다.
5. "평생사회안전망"이란 생애주기에 걸쳐 보편적으로 충족되어야 하는 기본

욕구와 특정한 사회위험에 의하여 발생하는 특수욕구를 동시에 고려하여 소득 · 서비스를 보장하는 맞춤형 사회보장제도를 말한다.

제4조(다른 법률과의 관계) 사회보장에 관한 다른 법률을 제정하거나 개정하는 경우에는 이 법에 부합되도록 하여야 한다.

제5조(국가와 지방자치단체의 책임) ① 국가와 지방자치단체는 모든 국민의 인간다운 생활을 유지 · 증진하는 책임을 가진다.

② 국가와 지방자치단체는 사회보장에 관한 책임과 역할을 합리적으로 분담하여야 한다.

③ 국가와 지방자치단체는 국가 발전수준에 부응하고 사회환경의 변화에 선제적으로 대응하며 지속가능한 사회보장제도를 확립하고 매년 이에 필요한 재원을 조달하여야 한다.

④ 국가는 사회보장제도의 안정적인 운영을 위하여 중장기 사회보장 재정추계를 격년으로 실시하고 이를 공표하여야 한다.

제6조(국가 등과 가정) ① 국가와 지방자치단체는 가정이 건전하게 유지되고 그 기능이 향상되도록 노력하여야 한다.

② 국가와 지방자치단체는 사회보장제도를 시행할 때에 가정과 지역공동체의 자발적인 복지활동을 촉진하여야 한다.

제7조(국민의 책임) ① 모든 국민은 자신의 능력을 최대한 발휘하여 자립 · 자활(自活)할 수 있도록 노력하여야 한다.

② 모든 국민은 경제적 · 사회적 · 문화적 · 정신적 · 신체적으로 보호가 필요하다고 인정되는 사람에게 지속적인 관심을 가지고 이들이 보다 나은 삶을 누릴 수 있는 사회환경 조성에 서로 협력하고 노력하여야 한다.

③ 모든 국민은 관계 법령에서 정하는 바에 따라 사회보장급여에 필요한 비용의 부담, 정보의 제공 등 국가의 사회보장정책에 협력하여야 한다.

제8조(외국인에 대한 적용) 국내에 거주하는 외국인에게 사회보장제도를 적용할 때에는 상호주의의 원칙에 따르되, 관계 법령에서 정하는 바에 따른다.

제2장 사회보장에 관한 국민의 권리

제9조(사회보장을 받을 권리) 모든 국민은 사회보장 관계 법령에서 정하는 바에 따라 사회보장급여를 받을 권리(이하 "사회보장수급권"이라 한다)를 가진다.

제10조(사회보장급여의 수준) ① 국가와 지방자치단체는 모든 국민이 건강하고 문화적인 생활을 유지할 수 있도록 사회보장

급여의 수준 향상을 위하여 노력하여야 한다.

② 국가는 관계 법령에서 정하는 바에 따라 최저보장수준과 최저임금을 매년 공표하여야 한다.

③ 국가와 지방자치단체는 제2항에 따른 최저보장수준과 최저임금 등을 고려하여 사회보장급여의 수준을 결정하여야 한다.

제11조(사회보장급여의 신청) ① 사회보장급여를 받으려는 사람은 관계 법령에서 정하는 바에 따라 국가나 지방자치단체에 신청하여야 한다. 다만, 관계 법령에서 따로 정하는 경우에는 국가나 지방자치단체가 신청을 대신할 수 있다.

② 사회보장급여를 신청하는 사람이 다른 기관에 신청한 경우에는 그 기관은 지체 없이 이를 정당한 권한이 있는 기관에 이송하여야 한다. 이 경우 정당한 권한이 있는 기관에 이송된 날을 사회보장급여의 신청일로 본다.

제12조(사회보장수급권의 보호) 사회보장수급권은 관계 법령에서 정하는 바에 따라 다른 사람에게 양도하거나 담보로 제공할 수 없으며, 이를 압류할 수 없다.

제13조(사회보장수급권의 제한 등) ① 사회보장수급권은 제한되거나 정지될 수 없다. 다만, 관계 법령에서 따로 정하고 있는 경우에는 그러하지 아니하다.

② 제1항 단서에 따라 사회보장수급권이 제한되거나 정지되는 경우에는 제한 또는 정지하는 목적에 필요한 최소한의 범위에 그쳐야 한다.

제14조(사회보장수급권의 포기) ① 사회보장수급권은 정당한 권한이 있는 기관에 서면으로 통지하여 포기할 수 있다.

② 사회보장수급권의 포기는 취소할 수 있다.

③ 제1항에도 불구하고 사회보장수급권을 포기하는 것이 다른 사람에게 피해를 주거나 사회보장에 관한 관계 법령에 위반되는 경우에는 사회보장수급권을 포기할 수 없다.

제15조(불법행위에 대한 구상) 제3자의 불법행위로 피해를 입은 국민이 그로 인하여 사회보장수급권을 가지게 된 경우 사회보장제도를 운영하는 자는 그 불법행위의 책임이 있는 자에 대하여 관계 법령에서 정하는 바에 따라 구상권(求償權)을 행사할 수 있다.

제3장 사회보장 기본계획과 사회보장위원회

제16조(사회보장 기본계획의 수립) ① 보건복지부장관은 관계 중앙행정기관의 장과

협의하여 사회보장 증진을 위하여 사회보장에 관한 기본계획(이하 "기본계획"이라 한다)을 5년마다 수립하여야 한다.

② 기본계획에는 다음 각 호의 사항이 포함되어야 한다.

1. 국내외 사회보장환경의 변화와 전망
2. 사회보장의 기본목표 및 중장기 추진방향
3. 주요 추진과제 및 추진방법
4. 필요한 재원의 규모와 조달방안
5. 사회보장 관련 기금 운용방안
6. 사회보장 전달체계
7. 그 밖에 사회보장정책의 추진에 필요한 사항

③ 기본계획은 제20조에 따른 사회보장위원회와 국무회의의 심의를 거쳐 확정한다. 기본계획 중 대통령령으로 정하는 중요한 사항을 변경하려는 경우에도 같다.

제17조(다른 계획과의 관계) 기본계획은 다른 법령에 따라 수립되는 사회보장에 관한 계획에 우선하며 그 계획의 기본이 된다.

제18조(연도별 시행계획의 수립 · 시행 등) ① 보건복지부장관 및 관계 중앙행정기관의 장은 기본계획에 따라 사회보장과 관련된 소관 주요 시책의 시행계획(이하 "시행계획"이라 한다)을 매년 수립 · 시행하여야 한다.

② 관계 중앙행정기관의 장은 제1항에 따라 수립한 소관 시행계획 및 전년도의 시행계획에 따른 추진실적을 대통령령으로 정하는 바에 따라 매년 보건복지부장관에게 제출하여야 한다.

③ 보건복지부장관은 제2항에 따라 받은 관계 중앙행정기관 및 보건복지부 소관의 추진실적을 종합하여 성과를 평가하고, 그 결과를 제20조에 따른 사회보장위원회에 보고하여야 한다.

④ 보건복지부장관은 제3항에 따른 평가를 효율적으로 하기 위하여 이에 필요한 조사 · 분석 등을 전문기관에 의뢰할 수 있다.

⑤ 시행계획의 수립 · 시행 및 추진실적의 평가 등에 필요한 사항은 대통령령으로 정한다.

제19조(사회보장에 관한 지역계획의 수립 · 시행 등) ① 특별시장 · 광역시장 · 특별자치시장 · 도지사 또는 특별자치도지사 · 시장(제주특별자치도 설치 및 국제자유도시 조성을 위한 특별법 제11조제1항에 따른 행정시장을 포함한다) · 군수 · 구청장(자치구의 구청장을 말한다. 이하 같다)은 관계 법령으로 정하는 바에 따라 사회보장에 관한 지역계획(이하 "지

역계획"이라 한다)을 수립 · 시행하여야 한다.

② 지역계획은 기본계획과 연계되어야 한다.

③ 지역계획의 수립 · 시행 및 추진실적의 평가 등에 필요한 사항은 대통령령으로 정한다.

제20조(사회보장위원회) ① 사회보장에 관한 주요 시책을 심의 · 조정하기 위하여 국무총리 소속으로 사회보장위원회(이하 "위원회"라 한다)를 둔다.

② 위원회는 다음 각 호의 사항을 심의 · 조정한다.

1. 사회보장 증진을 위한 기본계획
2. 사회보장 관련 주요 계획
3. 사회보장제도의 평가 및 개선
4. 사회보장제도의 신설 또는 변경에 따른 우선순위
5. 둘 이상의 중앙행정기관이 관련된 주요 사회보장정책
6. 사회보장급여 및 비용 부담
7. 국가와 지방자치단체의 역할 및 비용 분담
8. 사회보장의 재정추계 및 재원조달 방안
9. 사회보장 전달체계 운영 및 개선
10. 제32조제1항에 따른 사회보장통계
11. 사회보장정보의 보호 및 관리
12. 그 밖에 위원장이 심의에 부치는 사항

③ 위원장은 다음 각 호의 사항을 관계 중앙행정기관의 장과 지방자치단체의 장에게 통지하여야 한다.

1. 제16조제3항에 따라 확정된 기본계획
2. 제2항의 사항에 관하여 심의 · 조정한 결과

④ 관계 중앙행정기관의 장과 지방자치단체의 장은 위원회의 심의 · 조정 사항을 반영하여 사회보장제도를 운영 또는 개선하여야 한다.

제21조(위원회의 구성 등) ① 위원회는 위원장 1명, 부위원장 3명과 행정안전부장관, 고용노동부장관, 여성가족부장관, 국토교통부장관을 포함한 30명 이내의 위원으로 구성한다.

② 위원장은 국무총리가 되고 부위원장은 기획재정부장관, 교육부장관 및 보건복지부장관이 된다.

③ 위원회의 위원은 다음 각 호의 어느 하나에 해당하는 사람으로 한다.

1. 대통령령으로 정하는 관계 중앙행정기관의 장
2. 다음 각 목의 사람 중에서 대통령이 위촉하는 사람
   가. 근로자를 대표하는 사람
   나. 사용자를 대표하는 사람

다. 사회보장에 관한 학식과 경험이 풍부한 사람

라. 변호사 자격이 있는 사람

④ 위원의 임기는 2년으로 한다. 다만, 공무원인 위원의 임기는 그 재임 기간으로 하고, 제3항제2호 각 목의 위원이 기관 · 단체의 대표자 자격으로 위촉된 경우에는 그 임기는 대표의 지위를 유지하는 기간으로 한다.

⑤ 보궐위원의 임기는 전임자 임기의 남은 기간으로 한다.

⑥ 위원회를 효율적으로 운영하고 위원회의 심의사항을 전문적으로 검토하기 위하여 위원회에 실무위원회를 두며, 실무위원회에 분야별 전문위원회를 둘 수 있다.

⑦ 실무위원회에서 의결한 사항은 위원장에게 보고하고 위원회의 심의를 거쳐야 한다. 다만, 대통령령으로 정하는 경미한 사항에 대하여는 실무위원회의 의결로써 위원회의 의결을 갈음할 수 있다.

⑧ 위원회의 사무를 효율적으로 처리하기 위하여 보건복지부에 사무국을 둔다.

⑨ 이 법에서 규정한 사항 외에 위원회, 실무위원회, 분야별 전문위원회, 사무국의 구성 · 조직 및 운영 등에 필요한 사항은 대통령령으로 정한다.

제4장 사회보장정책의 기본방향

제22조(평생사회안전망의 구축 · 운영) ① 국가와 지방자치단체는 모든 국민이 생애 동안 삶의 질을 유지 · 증진할 수 있도록 평생사회안전망을 구축하여야 한다.

② 국가와 지방자치단체는 평생사회안전망을 구축 · 운영함에 있어 사회적 취약계층을 위한 공공부조를 마련하여 최저생활을 보장하여야 한다.

제23조(사회서비스 보장) ① 국가와 지방자치단체는 모든 국민의 인간다운 생활과 자립, 사회참여, 자아실현 등을 지원하여 삶의 질이 향상될 수 있도록 사회서비스에 관한 시책을 마련하여야 한다.

② 국가와 지방자치단체는 사회서비스 보장과 제24조에 따른 소득보장이 효과적이고 균형적으로 연계되도록 하여야 한다.

제24조(소득 보장) ① 국가와 지방자치단체는 다양한 사회적 위험 하에서도 모든 국민들이 인간다운 생활을 할 수 있도록 소득을 보장하는 제도를 마련하여야 한다.

② 국가와 지방자치단체는 공공부문과 민간부문의 소득보장제도가 효과적으로 연계되도록 하여야 한다.

제5장 사회보장제도의 운영

제25조(운영원칙) ① 국가와 지방자치단체가 사회보장제도를 운영할 때에는 이 제도를 필요로 하는 모든 국민에게 적용하여야 한다.

② 국가와 지방자치단체는 사회보장제도의 급여 수준과 비용 부담 등에서 형평성을 유지하여야 한다.

③ 국가와 지방자치단체는 사회보장제도의 정책 결정 및 시행 과정에 공익의 대표자 및 이해관계인 등을 참여시켜 이를 민주적으로 결정하고 시행하여야 한다.

④ 국가와 지방자치단체가 사회보장제도를 운영할 때에는 국민의 다양한 복지 욕구를 효율적으로 충족시키기 위하여 연계성과 전문성을 높여야 한다.

⑤ 사회보험은 국가의 책임으로 시행하고, 공공부조와 사회서비스는 국가와 지방자치단체의 책임으로 시행하는 것을 원칙으로 한다. 다만, 국가와 지방자치단체의 재정 형편 등을 고려하여 이를 협의 · 조정할 수 있다.

제26조(협의 및 조정) ① 국가와 지방자치단체는 사회보장제도를 신설하거나 변경할 경우 기존 제도와의 관계, 사회보장 전달체계와 재정 등에 미치는 영향 등을 사전에 충분히 검토하고 상호협력하여 사회보장급여가 중복 또는 누락되지 아니하도록 하여야 한다.

② 중앙행정기관의 장과 지방자치단체의 장은 사회보장제도를 신설하거나 변경할 경우 신설 또는 변경의 타당성, 기존 제도와의 관계, 사회보장 전달체계에 미치는 영향 및 운영방안 등에 대하여 대통령령으로 정하는 바에 따라 보건복지부장관과 협의하여야 한다.

③ 제2항에 따른 협의가 이루어지지 아니할 경우 위원회가 이를 조정한다.

④ 보건복지부장관은 사회보장급여 관련 업무에 공통적으로 적용되는 기준을 마련할 수 있다.

제27조(민간의 참여) ① 국가와 지방자치단체는 사회보장에 대한 민간부문의 참여를 유도할 수 있도록 정책을 개발 · 시행하고 그 여건을 조성하여야 한다.

② 국가와 지방자치단체는 사회보장에 대한 민간부문의 참여를 유도하기 위하여 다음 각 호의 사업이 포함된 시책을 수립 · 시행할 수 있다.

1. 자원봉사, 기부 등 나눔의 활성화를 위한 각종 지원 사업
2. 사회보장정책의 시행에 있어 민간 부문과의 상호협력체계 구축을 위한 지원사업

3. 그 밖에 사회보장에 관련된 민간의 참여를 유도하는 데에 필요한 사업

③ 국가와 지방자치단체는 개인 · 법인 또는 단체가 사회보장에 참여하는 데에 드는 경비의 전부 또는 일부를 지원하거나 그 업무를 수행하기 위하여 필요한 지원을 할 수 있다.

제28조(비용의 부담) ① 사회보장 비용의 부담은 각각의 사회보장제도의 목적에 따라 국가, 지방자치단체 및 민간부문 간에 합리적으로 조정되어야 한다.

② 사회보험에 드는 비용은 사용자, 피용자(被傭者) 및 자영업자가 부담하는 것을 원칙으로 하되, 관계 법령에서 정하는 바에 따라 국가가 그 비용의 일부를 부담할 수 있다.

③ 공공부조 및 관계 법령에서 정하는 일정 소득 수준 이하의 국민에 대한 사회서비스에 드는 비용의 전부 또는 일부는 국가와 지방자치단체가 부담한다.

④ 부담 능력이 있는 국민에 대한 사회서비스에 드는 비용은 그 수익자가 부담함을 원칙으로 하되, 관계 법령에서 정하는 바에 따라 국가와 지방자치단체가 그 비용의 일부를 부담할 수 있다.

제29조(사회보장 전달체계) ① 국가와 지방자치단체는 모든 국민이 쉽게 이용할 수 있고 사회보장급여가 적시에 제공되도록 지역적 · 기능적으로 균형잡힌 사회보장 전달체계를 구축하여야 한다.

② 국가와 지방자치단체는 사회보장 전달체계의 효율적 운영에 필요한 조직, 인력, 예산 등을 갖추어야 한다.

③ 국가와 지방자치단체는 공공부문과 민간부문의 사회보장 전달체계가 효율적으로 연계되도록 노력하여야 한다.

제30조(사회보장급여의 관리) ① 국가와 지방자치단체는 국민의 사회보장수급권의 보장 및 재정의 효율적 운용을 위하여 다음 각 호에 관한 사회보장급여의 관리체계를 구축 · 운영하여야 한다.

1. 사회보장수급권자 권리구제
2. 사회보장급여의 사각지대 발굴
3. 사회보장급여의 부정 · 오류 관리
4. 사회보장급여의 과오지급액의 환수 등 관리

② 보건복지부장관은 사회서비스의 품질기준 마련, 평가 및 개선 등의 업무를 수행하기 위하여 필요한 전담기구를 설치할 수 있다.

③ 제2항의 전담기구 설치 · 운영 등에 필요한 사항은 대통령령으로 정한다.

제31조(전문인력의 양성 등) 국가와 지방자치단체는 사회보장제도의 발전을 위하여

전문인력의 양성, 학술 조사 및 연구, 국제 교류의 증진 등에 노력하여야 한다.

제32조(사회보장통계) ① 국가와 지방자치단체는 효과적인 사회보장정책의 수립 · 시행을 위하여 사회보장에 관한 통계(이하 "사회보장통계"라 한다)를 작성 · 관리하여야 한다.

② 관계 중앙행정기관의 장과 지방자치단체의 장은 소관 사회보장통계를 대통령령으로 정하는 바에 따라 보건복지부장관에게 제출하여야 한다.

③ 보건복지부장관은 제2항에 따라 제출된 사회보장통계를 종합하여 위원회에 제출하여야 한다.

④ 사회보장통계의 작성 · 관리에 필요한 사항은 대통령령으로 정한다.

제33조(정보의 공개) 국가와 지방자치단체는 사회보장제도에 관하여 국민이 필요한 정보를 관계 법령에서 정하는 바에 따라 공개하고, 이를 홍보하여야 한다.

제34조(사회보장에 관한 설명) 국가와 지방자치단체는 사회보장 관계 법령에서 규정한 권리나 의무를 해당 국민에게 설명하도록 노력하여야 한다.

제35조(사회보장에 관한 상담) 국가와 지방자치단체는 사회보장 관계 법령에서 정하는 바에 따라 사회보장에 관한 상담에 응하여야 한다.

제36조(사회보장에 관한 통지) 국가와 지방자치단체는 사회보장 관계 법령에서 정하는 바에 따라 사회보장에 관한 사항을 해당 국민에게 알려야 한다.

제6장 사회보장정보의 관리

제37조(사회보장정보시스템의 구축 · 운영 등) ① 국가와 지방자치단체는 국민편익의 증진과 사회보장업무의 효율성 향상을 위하여 사회보장업무를 전자적으로 관리하도록 노력하여야 한다.

② 국가는 관계 중앙행정기관과 지방자치단체에서 시행하는 사회보장수급권자 선정 및 급여 관리 등에 관한 정보를 통합 · 연계하여 처리 · 기록 및 관리하는 시스템(이하 "사회보장정보시스템"이라 한다)을 구축 · 운영할 수 있다.

③ 보건복지부장관은 사회보장정보시스템의 구축 · 운영을 총괄한다.

④ 보건복지부장관은 사회보장정보시스템 구축 · 운영의 전 과정에서 개인정보보호를 위하여 필요한 시책을 마련하여야 한다.

⑤ 보건복지부장관은 관계 중앙행정기관, 지방자치단체 및 관련 기관 · 단체에 사회보장정보시스템의 운영에 필요한

정보의 제공을 요청하고 제공받은 목적의 범위에서 보유 · 이용할 수 있다. 이 경우 자료의 제공을 요청받은 자는 정당한 사유가 없으면 이에 따라야 한다.

⑥ 관계 중앙행정기관 및 지방자치단체의 장은 제2항의 사회보장정보와 관련하여 사회보장정보시스템의 활용이 필요한 경우 사전에 보건복지부장관과 협의하여야 한다. 이 경우 보건복지부장관은 관련 업무에 필요한 범위에서 정보를 제공할 수 있고 정보를 제공받은 관계 중앙행정기관 및 지방자치단체의 장은 제공받은 목적의 범위에서 보유 · 이용할 수 있다.

⑦ 보건복지부장관은 사회보장정보시스템의 운영 · 지원을 위하여 전담기구를 설치할 수 있다.

제38조(개인정보 등의 보호) ① 사회보장 업무에 종사하거나 종사하였던 자는 사회보장업무 수행과 관련하여 알게 된 개인 · 법인 또는 단체의 정보를 관계 법령에서 정하는 바에 따라 보호하여야 한다.

② 국가와 지방자치단체, 공공기관, 법인 · 단체, 개인이 조사하거나 제공받은 개인 · 법인 또는 단체의 정보는 이 법과 관련 법률에 근거하지 아니하고 보유, 이용, 제공되어서는 아니 된다.

제7장 보칙

제39조(권리구제) 위법 또는 부당한 처분을 받거나 필요한 처분을 받지 못함으로써 권리 또는 이익을 침해받은 국민은 행정심판법에 따른 행정심판을 청구하거나 행정소송법에 따른 행정소송을 제기하여 그 처분의 취소 또는 변경 등을 청구할 수 있다.

제40조(국민 등의 의견수렴) 국가와 지방자치단체는 국민생활에 중대한 영향을 미치는 사회보장 계획 및 정책을 수립하려는 경우 공청회 및 정보통신망 등을 통하여 국민과 관계 전문가의 의견을 충분히 수렴하여야 한다.

제41조(관계 행정기관 등의 협조) ① 국가와 지방자치단체는 사회보장 관련 계획 및 정책의 수립 · 시행, 사회보장통계의 작성 등을 위하여 관련 공공기관, 법인, 단체 및 개인에게 자료제출 등 필요한 협조를 요청할 수 있다.

② 위원회는 사회보장에 관한 자료 제출 등 위원회 업무에 필요한 경우 관계 행정기관의 장에게 협조를 요청할 수 있다.

③ 제1항 및 제2항에 따라 협조요청을 받은 자는 정당한 사유가 없으면 이에 따라야 한다.

부칙

제1조(시행일) ① 이 법은 공포한 날부터 시행한다. 다만, 부칙 제5조에 따라 개정되는 법률 중 이 법 시행 전에 공포되었으나 시행일이 도래하지 아니한 법률을 개정한 부분은 각각 해당 법률의 시행일부터 시행한다.

제2조부터 **제4조**까지 생략

제5조(다른 법률의 개정) ①부터 〈183〉까지 생략

〈184〉 사회보장기본법 일부를 다음과 같이 개정한다.

제21조제1항 중 "행정자치부장관"을 "행정안전부장관"으로 한다.

〈185〉부터 〈382〉까지 생략

제6조 생략

사회보장기본법시행령

대통령령 제29180호(2018. 9. 18.)

제1조(목적) 이 영은 사회보장기본법에서 위임된 사항과 그 시행에 필요한 사항을 규정함을 목적으로 한다.

제2조(사회보장 재정추계 등) ① 보건복지부장관은 사회보장기본법(이하 "법"이라 한다) 제5조제4항에 따른 사회보장 재정추계(財政推計)를 위하여재정추계를 실시하는 해의 3월 31일까지 법 제20조에 따른 사회보장위원회(이하 "위원회"라 한다)의 심의를 거쳐 재정추계 세부지침을 마련하여야 한다. 이 경우 재정추계 세부지침에는 재정의 세부범위, 추계방법, 추진체계, 공표방법 · 절차 등이 포함되어야 한다.

② 보건복지부장관은 제1항의 재정추계 세부지침에 따라 추계를 실시하는 해의 9월 30일까지 재정추계를 하고, 그 결과를 위원회의 심의를 거쳐 같은 해 10월 31일까지 관계 중앙행정기관의 장에게 통보하여야 한다.

③ 관계 중앙행정기관의 장은 제2항에 따른 재정추계 결과를 바탕으로 정책개선안을 마련하여 같은 해 12월 31일까지 보건복지부장관에게 제출하여야 한다.

④ 보건복지부장관은 제3항에 따라 제출받은 정책개선안을 종합하여 이를 추계 실시 해의 다음 해 3월 31일까지 위원회에 보고하여야 한다.

제3조(사회보장 기본계획의 수립) ① 보건복지부장관은 법 제16조제1항에 따른 사회보장에 관한 기본계획(이하 "기본계획"이라 한다)의 효율적 수립을 위하여 기본계획 작성지침을 작성하여 이를 관계 중앙행정기관의 장에게 통보하여야 한다.

② 관계 중앙행정기관의 장은 제1항에 따라 통보받은 기본계획 작성지침에 따라 소관별 기본계획안을 작성하여 보건복지부장관에게 제출하여야 하고, 보건복지부장관은 이를 종합한 기본계획안을 작성하여 법 제16조제3항에 따른 절차에 따라 기본계획을 확정하여야 한다.

③ 법 제16조제3항에서 "대통령령으로

정하는 중요사항"이란 다음 각 호의 사항을 말한다.

1. 사회보장의 기본목표 및 중장기 추진 방향
2. 주요 추진과제 및 추진방법
3. 필요한 재원의 규모와 조달방안
4. 그 밖에 사회보장 전달체계 관련 사항 등 위원회에서 심의가 필요하다고 인정하는 사항

제4조(다른 계획과의 관계) ① 다른 법령에 따라 수립되는 사회보장에 관한 계획은 기본계획의 주요 내용을 반영하여야 한다.

② 관계 중앙행정기관의 장은 소관 사회보장에 관한 계획을 수립 · 변경하는 경우 그 내용을 보건복지부장관에게 통보하여야 한다.

③ 보건복지부장관은 제2항에 따라 관계 중앙행정기관의 장이 통보한 내용을 종합하여 위원회에 보고하여야 한다.

제5조(연도별 시행계획의 수립 · 제출) ① 보건복지부장관은 법 제18조제1항에 따른 사회보장과 관련된 소관 주요 시책의 시행계획(이하 "시행계획"이라 한다)의 효율적 수립 · 시행을 위하여 다음 해의 시행계획 수립을 위한 지침을 작성하여 이를 매년 12월 31일까지 관계 중앙행정기관의 장에게 통보하여야 한다.

② 법 제18조제2항에 따라 관계 중앙행정기관의 장은 제1항에 따른 지침에 따라 소관별 시행계획을 작성하여 매년 1월 31일까지 보건복지부장관에게 제출하여야 하고, 보건복지부장관은 이를 종합 · 검토하여 위원회에서 심의할 수 있도록 하여야 한다.

③ 보건복지부장관은 시행계획이 위원회 심의를 거쳐 확정된 경우에는 이를 지체 없이 관계 중앙행정기관의 장에게 통보하여야 한다.

제6조(시행계획의 평가) ① 법 제18조제5항에 따라 보건복지부장관은 시행계획에 따른 추진실적의 평가를 위한 지침을 작성하여 매년 1월 31일까지 관계 중앙행정기관의 장에게 통보하고, 관계 중앙행정기관의 장은 통보받은 평가지침에 따라 전년도 시행계획의 추진실적을 평가한 후 그 결과를 매년 3월 31일까지 보건복지부장관에게 제출하여야 한다.

② 보건복지부장관은 제1항에 따라 관계 중앙행정기관의 장이 제출한 평가결과를 종합 · 검토하여 위원회의 심의를 거친 후 그 결과를 매년 9월 30일까지 관계 중앙행정기관의 장에게 통보하여야 한다.

③ 관계 중앙행정기관의 장은 제2항에 따라 통보받은 평가결과를 다음 연도 시

행계획에 반영하여야 한다.

제7조(사회보장에 관한 지역계획의 수립 · 시행 등) ① 법 제19조제1항에 따라 특별시장 · 광역시장 · 특별자치시장 · 도지사 · 특별자치도지사(이하 "시 · 도지사"라 한다) 및 시장(제주특별자치도 설치 및 국제자유도시 조성을 위한 특별법 제11조제1항에 따른 행정시장을 포함한다) · 군수 · 구청장(자치구의 구청장을 말한다. 이하 같다)은사회보장에 관한 지역계획(이하 "지역계획"이라 한다)을 수립한 경우 그 계획을 소관 중앙행정기관의 장에게 제출하여야 한다.

② 소관 중앙행정기관의 장은 제1항에 따라 제출받은 지역계획을 보건복지부장관에게 제출하여야 한다.

③ 시 · 도지사 또는 시장 · 군수 · 구청장은 법 제19조제2항에 따라 지역계획과 기본계획이 연계되도록 하기 위하여 기본계획의 수립 또는 변경이 있는 경우 소관 지역계획에 관련 내용을 반영하여야 한다.

④ 관계 중앙행정기관의 장은 소관 지역계획의 내용이 기본계획과 부합하지 않는 등 필요한 경우 해당 시 · 도지사 또는 시장 · 군수 · 구청장에게 그 조정을 권고할 수 있다.

⑤ 관계 중앙행정기관의 장은 필요시 관계 법령에서 정하는 바에 따라 소관 지역계획의 추진실적을 평가할 수 있고, 평가한 경우 그 결과를 보건복지부장관에게 제출하여야 한다.

⑥ 보건복지부장관은 제5항에 따라 관계 중앙행정기관의 장이 제출한 평가결과를 종합 · 검토하여 위원회에 보고하여야 한다.

제7조의2(사회보장제도 운영 · 개선 결과의 제출) 관계 중앙행정기관의 장과 지방자치단체의 장은 법 제20조제4항에 따른 사회보장제도의 운영 또는 개선에 관한 결과를 보건복지부장관에게 제출하여야 한다.

제8조(위원장의 직무) ① 위원회의 위원장은 위원회를 대표하고, 위원회의 사무를 총괄한다.

② 위원장이 부득이한 사유로 직무를 수행할 수 없을 때에는 위원장이 미리 정한 부위원장 순서로 그 직무를 대행하고, 위원장과 부위원장이 모두 부득이한 사유로 그 직무를 수행할 수 없을 때에는 위원장이 미리 지명한 위원이 그 직무를 대행한다.

제9조(위원회의 위원 등) ① 법 제21조제3항제1호에서 "대통령령으로 정하는 관계

중앙행정기관의 장"이란 법무부장관, 문화체육관광부장관, 농림축산식품부장관, 산업통상자원부장관, 환경부장관, 국무조정실장 및 국가보훈처장을 말한다.

② 위원회에 간사 2명을 두고, 간사는 국무조정실 사회조정실장과 보건복지부 사회복지정책실장으로 한다.

제9조의2(위원회 위원의 해촉) 대통령은 법 제21조제3항제2호에 따른 위원이 다음 각 호의 어느 하나에 해당하는 경우에는 해당 위원을 해촉(解囑)할 수 있다.

1. 심신장애로 인하여 직무를 수행할 수 없게 된 경우
2. 직무와 관련된 비위사실이 있는 경우
3. 직무태만, 품위손상이나 그 밖의 사유로 인하여 위원으로 적합하지 아니하다고 인정되는 경우
4. 위원 스스로 직무를 수행하는 것이 곤란하다고 의사를 밝히는 경우

제10조(위원회의 회의 운영) ① 위원장은 위원회의 회의를 소집하고, 그 의장이 된다.

② 위원장은 위원회의 회의 개최일 7일 전까지 회의의 일시 · 장소 및 심의 안건을 위원회의 위원에게 통보하여야 한다. 다만, 긴급한 사유가 있는 경우에는 회의 일시 등을 회의 전날까지 통보할 수 있다.

③ 위원회 회의는 재적위원 과반수의 출석으로 개의(開議)하고, 출석위원 과반수의 찬성으로 의결한다.

④ 위원회 심의를 위하여 필요하면 관계 중앙행정기관, 지방자치단체 및 공공기관의 장이나 소속 공무원 · 임직원 또는 관련 전문가를 참석하게 하여 의견을 듣거나, 관계 기관 등에 대하여 필요한 자료 또는 의견의 제출 등을 요청할 수 있다.

⑤ 위원회에 출석한 위원, 관계 기관 · 단체 등의 직원 또는 전문가에게는 예산의 범위에서 수당과 여비를 지급할 수 있다. 다만, 공무원이 그 소관업무와 직접 관련되어 출석한 경우에는 그러하지 아니한다.

⑥ 그 밖에 위원회의 운영에 관하여 필요한 사항은 위원회의 의결을 거쳐 위원장이 위원회 운영규정으로 정한다.

제11조(실무위원회 설치 등) ① 법 제21조제6항에 따라 위원회에 두는 실무위원회(이하 "실무위원회"라 한다)는 다음 각 호의 사항을 검토한다.

1. 위원회에서 심의할 안건에 관한 사항
2. 위원회로부터 검토를 지시받은 사항
3. 제7조의2에 따라 제출받은 사회보장제도의 운영 · 개선 결과에 관한 사항
4. 그 밖에 실무위원회의 운영에 필요한

사항

② 법 제21조제7항 단서에서 "대통령령으로 정하는 경미한 사항"이란 다음 각 호의 사항을 말한다.

1. 법 제16조제3항에 따라 확정된 기본계획을 변경하지 않는 범위에서의 시행계획의 변경에 관한 사항
2. 제3조제3항 각 호의 사항 중 중요한 사항을 변경하지 않은 범위에서의 기본계획의 변경에 관한 사항

③ 실무위원회는 공동위원장 2명을 포함하여 30명 이내의 위원으로 구성한다.

④ 실무위원회의 공동위원장은 보건복지부장관과 법 제21조제3항제2호에 따라 위촉된 위원 중 국무총리가 지명하는 사람이 되며, 실무위원회 위원은 다음 각 호의 사람이 된다.

1. 기획재정부차관, 교육부차관, 법무부차관, 행정안전부차관, 문화체육관광부차관, 농림축산식품부차관, 산업통상자원부차관, 보건복지부차관, 환경부차관, 고용노동부차관, 여성가족부차관, 국토교통부차관, 국무조정실 국무2차장 및 국가보훈처 차장. 이 경우 복수차관이 있는 기관은 해당 기관의 장이 지정하는 차관으로 한다.
2. 사회보장, 지역사회복지, 경제, 고용 등 관련 분야의 전문지식과 경험이 풍부한 사람(지방자치법제165조에 따른 지방자치단체의 장의 협의체에서 추천한 전문가를 포함한다) 중에서 보건복지부장관이 전문분야와 성별 등을 고려하여 위촉한 사람

⑤ 실무위원회 위원의 임기는 2년으로 한다. 다만, 공무원인 위원의 임기는 그 재임기간으로 한다.

⑥ 실무위원회의 위원 중 위촉된 위원의 사임 등으로 인하여 새로 위촉된 위원의 임기는 전임자 임기의 남은 기간으로 한다.

⑦ 실무위원회에 간사 1명을 두고, 간사는 고위공무원단에 속하는 일반직공무원 중에서 보건복지부장관이 지명한다.

⑧ 실무위원회의 위원장의 직무 및 회의 운영에 관하여는 제8조제1항과 제10조를 준용한다.

제11조의2(실무위원회 위원의 해촉) 보건복지부장관은 제11조제4항제2호에 따른 실무위원회 위원이 다음 각 호의 어느 하나에 해당하는 경우에는 해당 실무위원회 위원을 해촉할 수 있다.

1. 심신장애로 인하여 직무를 수행할 수 없게 된 경우
2. 직무와 관련된 비위사실이 있는 경우
3. 직무태만, 품위손상이나 그 밖의 사유

로 인하여 위원으로 적합하지 아니하다고 인정되는 경우

4. 위원 스스로 직무를 수행하는 것이 곤란하다고 의사를 밝히는 경우

제12조(전문위원회 설치 등) ① 법 제21조제6항에 따라 실무위원회에 두는 분야별 전문위원회(이하 "전문위원회"라 한다)는 다음 각 호와 같다.

1. 기획 전문위원회
2. 제도조정 전문위원회
3. 평가 전문위원회
4. 재정 · 통계 전문위원회
5. 그 밖에 실무위원회의 위원장이 필요하다고 인정하는 전문위원회

② 전문위원회는 위원장 1명을 포함한 15명 이하의 위원으로 구성한다.

③ 전문위원회의 위원장은 제4항 각 호에 따른 전문위원회 위원 중에서 보건복지부장관이 지명한다.

④ 전문위원회는 다음 각 호의 사람으로 구성한다.

1. 법 제21조제3항제2호에 따른 위원회 위원
2. 제11조제4항제2호에 따른 실무위원회 위원
3. 사회보장, 지역사회복지, 경제, 고용 등 관련 분야의 전문지식과 경험이 풍부한 사람(지방자치법 제165조에 따른 지방자치단체의 장의 협의체에서 추천한 전문가를 포함한다) 중에서 보건복지부장관이 전문분야와 성별 등을 고려하여 위촉한 사람
4. 다음 각 목의 어느 하나에 해당하는 사람

가. 보건복지부의 4급 이상 공무원 중에서 보건복지부장관이 임명한 사람

나. 기획재정부, 교육부, 법무부, 행정안전부, 문화체육관광부, 농림축산식품부, 산업통상자원부, 환경부, 고용노동부, 여성가족부, 국토교통부, 국무조정실, 국가보훈처의 4급 이상 공무원 중에서 해당 기관의 장의 추천을 받아 보건복지부장관이 위촉한 사람

⑤ 각 전문위원회에 사회보장, 지역사회복지, 경제, 고용 등 관련 분야를 전공한 박사학위 소지자 등 해당 분야에 학식과 경험이 풍부한 사람 중에서 3명 이내의 상임전문위원을 둘 수 있다.

⑥ 전문위원회의 위원에게는 사회보장에 관한 전문적인 사항을 조사 · 연구할 수 있도록 예산의 범위에서 연구비와 여비를 지급할 수 있다.

⑦ 그 밖에 전문위원회의 운영에 필요한 사항은 위원회의 의결을 거쳐 위원장이

위원회 운영규정으로 정한다.

제12조의2(전문위원회 위원의 해촉) 보건복지부장관은 제12조제4항제3호에 따른 전문위원회 위원이 다음 각 호의 어느 하나에 해당하는 경우에는 해당 전문위원회 위원을 해촉할 수 있다.

1. 심신장애로 인하여 직무를 수행할 수 없게 된 경우
2. 직무와 관련된 비위사실이 있는 경우
3. 직무태만, 품위손상이나 그 밖의 사유로 인하여 위원으로 적합하지 아니하다고 인정되는 경우
4. 위원 스스로 직무를 수행하는 것이 곤란하다고 의사를 밝히는 경우

제13조(사무국의 운영 등) ① 위원장은 위원회 및 법 제21조제8항에 따라 보건복지부에 두는 사무국 업무 수행을 위하여 필요한 경우 관계 행정기관 · 연구기관 또는 단체 등의 장과 협의하여 그 소속 공무원 또는 직원의 파견 또는 겸임을 요청할 수 있다.

② 제1항에서 규정한 사항 외에 사무국의 운영 등에 필요한 사항은 위원회의 의결을 거쳐 위원장이 위원회 운영규정으로 정한다.

제14조(협의 운용방안) 보건복지부장관은 사회보장제도의 신설 또는 변경과 관련하여 법 제26조에 따른 협의를 원활히 하기 위하여 협의 대상기준, 절차 등 세부 운용방안(이하 "협의 운용방안"이라 한다)을 마련하여 매년 12월 31일까지 중앙행정기관의 장과 지방자치단체의 장에게 통보하여야 한다.

제15조(사회보장제도의 신설 또는 변경에 대한 협의) ① 법 제26조제2항에 따라 중앙행정기관의 장과 지방자치단체의 장은 사회보장제도를 신설하려는 경우 매년 4월 30일까지 다음 각 호의 사항을 포함한 협의요청서를 보건복지부장관에게 제출하여야 한다.

1. 사업 대상, 지원 내용, 전달체계 등 사회보장제도 신설과 관련된 세부사업계획
2. 사회보장제도 신설의 근거에 관한 사항
3. 사회보장제도 신설에 따라 예상되는 사업의 성과
4. 사회보장제도의 신설에 필요한 예산 규모에 관한 사항
5. 그 밖에 사회보장제도의 신설에 따른 협의에 필요한 서류

② 법 제26조제2항에 따라 중앙행정기관의 장과 지방자치단체의 장은 사회보장제도의 변경으로 다음 각 호의 사항이 변경되는 경우(물가상승률, 최저보장수준, 최저임금 등 관계 법령에서 정하는

사항으로 변경되는 경우는 제외한다) 매년 4월 30일까지 제1항 각 호의 사항을 포함하는 협의요청서를 보건복지부장관에게 제출하여야 한다. 이 경우 제1항 각 호의 사항 중 "신설"은 "변경"으로 본다.

1. 소득, 재산, 연령, 자격 등 대상자 선정기준
2. 국고보조율 등 지방자치단체의 재정부담 수준
3. 그 밖에 급여 내용, 전달체계 등 보건복지부장관이 정하는 사항

③ 제2항에도 불구하고 보건복지부장관은 사회보장제도의 중장기 발전방향, 기존 사회보장제도와의 관계, 전달체계에 미치는 영향 등을 고려하여 사전협의가 필요하다고 인정되는 경우에는 해당 중앙행정기관의 장 또는 지방자치단체의 장에게 제1항에 따른 협의요청서의 제출을 요구할 수 있다. 이 경우 해당 중앙행정기관의 장 또는 지방자치단체의 장은 제출을 요구받은 날로부터 30일 이내에 협의요청서를 제출하여야 한다.

④ 중앙행정기관의 장과 지방자치단체의 장은 제1항에 따른 기한 이후에 긴급한 사유 등으로 사회보장제도의 신설 또는 변경이 필요한 경우에는 사업계획을 확정한 즉시 보건복지부장관에게 협의요청서를 제출하여야 한다.

⑤ 보건복지부장관은 협의에 필요한 자료가 누락되거나 보완이 필요한 경우 해당 중앙행정기관의 장과 지방자치단체의 장에게 기한을 정하여 필요한 자료의 제출 및 수정 또는 보완을 요구할 수 있으며, 요청을 받은 중앙행정기관의 장과 지방자치단체의 장은 특별한 사유가 없는 경우 이에 따라야 한다.

⑥ 보건복지부장관은 제14조에 따라 통보된 협의 운용방안에 따라 미리 관계 중앙행정기관의 장과 지방자치단체의 장에게 신설하거나 변경하려고 하는 사회보장제도에 대한 사업계획안의 제출을 요청할 수 있다.

⑦ 법 제26조제2항에 따라 지방자치단체의 장이 보건복지부장관과 협의하는 경우에 보건복지부장관은 소관 중앙행정기관의 장에게 의견을 요청할 수 있다. 이 경우 해당 중앙행정기관의 장은 특별한 사유가 없으면 의견 요청을 받은 날부터 2주 이내에 보건복지부장관에게 의견을 제출하여야 한다.

제16조(협의결과의 처리) ① 보건복지부장관은 제15조제1항에 따라 협의요청서가 제출된 사업에 대한 협의가 완료된 경우에는 위원회에 보고하고 그 결과를 기획재

정부장관과 행정안전부장관에게 통보하여야 한다.

② 중앙행정기관의 장과 지방자치단체의 장은 법 제26조제2항에 따른 협의가 이루어지지 아니한 경우에는 위원회에 같은 조 제3항에 따른 조정을 신청할 수 있다.

③ 위원회는 제2항에 따른 조정 신청을 받은 날부터 60일 이내에 조정을 하여야 한다. 다만, 부득이한 사유가 있는 경우에는 30일 이내의 범위에서 그 기간을 연장할 수 있다.

④ 위원회는 법 제26조제3항에 따라 조정을 하는 경우 해당 중앙행정기관의 장 또는 지방자치단체의 장으로부터 의견 진술 또는 제출의 요청을 받은 때에는 의견을 진술하거나 제출하게 하여야 한다.

⑤ 보건복지부장관은 법 제26조제3항에 따른 위원회의 심의 · 조정 결과를 해당 중앙행정기관의 장, 기획재정부장관, 행정안전부장관 및 해당 지방자치단체의 장에게 통보하여야 한다.

제17조(사회보장에 관한 교육실시) ① 보건복지부장관은 법 제31조에 따라 사회보장 분야 전문 인력 양성을 위하여 관계 중앙행정기관, 지방자치단체, 공공기관 및 법인 · 단체 등의 직원을 대상으로 사회보장에 관한 교육을 매년 1회 이상 실시할 수 있다.

② 관계 중앙행정기관의 장과 지방자치단체의 장은 필요한 경우 제1항에 따른 교육을 보건복지부장관에게 요청할 수 있다.

제18조(사회보장통계의 제출 등) ① 보건복지부장관은 법 제32조에 따른 사회보장통계의 작성 · 제출과 관련하여 작성 대상 범위, 절차 등의 내용을 포함한 사회보장통계 운용지침을 마련하여 매년 12월 31일까지 관계 중앙행정기관의 장과 지방자치단체의 장에게 통보하여야 한다.

② 관계 중앙행정기관의 장과 지방자치단체의 장은 제1항에 따른 사회보장통계 운용지침에 따라 소관 사회보장 통계 목록을 작성한 후 매년 1월 31일까지 보건복지부장관에게 제출하여야 하고, 소관 사회보장통계목록이 변경된 경우에는 변경일로부터 30일 이내에 보건복지부장관에게 통보하여야 한다.

③ 보건복지부장관은 제2항에 따라 제출받은 사회보장통계 목록에 누락된 것이 있는 경우 보완을 요청할 수 있으며, 해당 중앙행정기관의 장 또는 지방자치단체의 장은 특별한 사유가 없으면 이에 따라야 한다.

④ 관계 중앙행정기관의 장과 지방자치단체의 장은 제2항에 따른 사회보장통계

목록에 따른 소관 사회보장통계를 매년 2월 말일까지 보건복지부장관에게 제출하여야 한다.

⑤ 보건복지부장관은 사회보장통계의 작성이 필요한 경우 관계 중앙행정기관의 장과 지방자치단체의 장에게 통계자료의 제출을 요청할 수 있다. 이 경우 요청을 받은 관련 기관의 장은 특별한 사유가 없으면 이에 따라야 한다.

⑥ 보건복지부장관은 경제 · 사회적 환경 변화에 따라 새로운 사회보장통계 작성이 필요한 경우 통계법 제3조제5호 각 목에 따른 공공기관의 장에게 이에 필요한 통계 작성 또는 통계자료의 제출을 요청할 수 있다.

제19조(사회보장정보시스템의 구축 및 운영)

① 보건복지부장관은 법 제37조제2항에 따른 사회보장정보시스템을 통해 다음 각 호의 업무를 수행할 수 있다.

1. 사회보장수급자 및 사회보장급여 현황관리
2. 사회보장 관련통계의 생성 및 관리
3. 사회보장급여의 신청, 수급자격의 조사업무 및 급여의 적정성 확인, 환수(還收) 등 사후관리 업무의 전자화 및 처리지원
4. 사회보장수급자격의 취득 · 상실 · 정지 · 변경 등 변동관리
5. 사회보장급여 및 보조금의 부정 · 중복수급 모니터링
6. 다른 법령에 따라 국가 및 지방자치단체로부터 위탁받은 사회보장에 관한 업무

② 보건복지부장관이 법 제37조제5항 및 제6항에 따라 사회보장정보시스템의 운영을 위하여 수집 · 보유 · 이용 · 제공할 수 있는 정보의 범위는 다음 각 호와 같다.

1. 사회보장수급자 수, 선정기준, 보장내용, 예산, 전달체계 등 사회보장제도 및 사회보장수급자 현황에 관한 자료
2. 사회보장급여의 신청, 수급자격의 조사 및 사후관리에 필요한 자료로서 신청인 및 그 부양의무자에 대한 다음 각 목의 어느 하나에 해당하는 자료. 다만, 부양의무자의 부양을 필요로 하지 않거나 근로능력, 소득 · 재산 상태 등에 관한 조사가 필요하지 않은 경우는 제외한다.
   가. 주민등록전산정보 등 인적사항 및 기본증명서 · 가족관계증명서 등 가족관계등록사항
   나. 토지 · 건물 · 선박 · 차량 · 주택분양권, 국민건강보험 · 국민연금 · 고용보험 · 산업재해보상보험 · 퇴직금 · 보훈급여 · 공무원

연금 · 공무원 재해보상 · 군인연금 · 사립학교교직원연금 · 별정우체국연금, 근로장려금, 농업소득보전직접지불금 등 소득 · 재산에 관한 자료

다. 출입국 · 병무 · 교정 · 사업자등록증 · 고용정보 · 보건의료정보 등 근로능력 및 취업상태에 관한 자료

3. 사회보장급여 수급이력 및 사회보장급여와 관련된 신청, 제공 및 환수 등의 업무처리 내역에 관한 자료
4. 사회복지법인 및 사회복지시설, 관련기관 및 단체의 보조금 수급이력에 관한 자료
5. 그 밖에 사회보장급여의 제공 및 관리 또는 위탁받은 업무의 처리에 필요한 정보로서 보건복지부장관이 정하는 자료

③ 보건복지부장관은 제1항 각 호의 업무를 수행하기 위하여 제2항 각 호에 해당하는 자료를 보건복지부장관이 정하는 바에 따라 정기적으로 갱신하여야 한다.

④ 보건복지부장관(법 제37조제7항에 따른 전담기구를 포함한다)은 법 제37조 및 제1항부터 제3항까지의 규정에 따른 사회보장정보시스템의 구축 및 운영 등에 관한 사무를 수행하기 위하여 불가피한 경우 개인정보 보호법 제23조에 따른 건강에 관한 정보(건강관리, 건강검진 및 의료비 지원에 관한 정보만 해당한다), 같은 법 시행령 제18조제2호에 따른 범죄경력자료에 해당하는 정보, 같은 영 제19조제1호부터 제4호까지의 규정에 따른 주민등록번호, 여권번호, 운전면허번호 또는 외국인등록번호가 포함된 자료를 처리할 수 있다.

⑤ 제1항 각 호의 업무처리 범위, 방법 및 절차와 그 밖에 필요한 사항은 보건복지부장관이 정한다.

⑥ 법 제37조제7항에 따른 전담기구는사회복지사업법 제6조의3에 따른 기구로 한다.

부칙

제1조(시행일) 이 영은 2018년 9월 21일부터 시행한다.

제2조부터 **제17조**까지 생략

제18조(다른 법령의 개정) ①부터 ㉑까지 생략

㉒ 사회보장기본법 시행령 일부를 다음과 같이 개정한다.

제19조제2항제2호나목 중 "공무원연금"을 "공무원연금 · 공무원 재해보상"으로 한다.

㉓부터 ㊸까지 생략

제19조 생략

사회복지사업법

법률 제15022호(2017.10.31.)

제1장 총칙

제1조(목적) 이 법은 사회복지사업에 관한 기본적 사항을 규정하여 사회복지를 필요로 하는 사람에 대하여 인간의 존엄성과 인간다운 생활을 할 권리를 보장하고 사회복지의 전문성을 높이며, 사회복지사업의 공정 · 투명 · 적정을 도모하고, 지역사회복지의 체계를 구축하고 사회복지서비스의 질을 높여 사회복지의 증진에 이바지함을 목적으로 한다.

제1조의2(기본이념) ① 사회복지를 필요로 하는 사람은 누구든지 자신의 의사에 따라 서비스를 신청하고 제공받을 수 있다.

② 사회복지법인 및 사회복지시설은 공공성을 가지며 사회복지사업을 시행하는 데 있어서 공공성을 확보하여야 한다.

③ 사회복지사업을 시행하는 데 있어서 사회복지를 제공하는 자는 사회복지를 필요로 하는 사람의 인권을 보장하여야 한다.

④ 사회복지서비스를 제공하는 자는 필요한 정보를 제공하는 등 사회복지서비스를 이용하는 사람의 선택권을 보장하여야 한다.

제2조(정의) 이 법에서 사용하는 용어의 뜻은 다음과 같다.

1. "사회복지사업"이란 다음 각 목의 법률에 따른 보호 · 선도(善導) 또는 복지에 관한 사업과 사회복지상담, 직업지원, 무료 숙박, 지역사회복지, 의료복지, 재가복지(在家福祉), 사회복지관 운영, 정신질환자 및 한센병력자의 사회복귀에 관한 사업 등 각종 복지사업과 이와 관련된 자원봉사활동 및 복지시설의 운영 또는 지원을 목적으로 하는 사업을 말한다.
   가. 국민기초생활 보장법
   나. 아동복지법
   다. 노인복지법
   라. 장애인복지법
   마. 한부모가족지원법
   바. 영유아보육법

사. 성매매방지 및 피해자보호 등에 관한 법률
아. 정신건강증진 및 정신질환자 복지서비스 지원에 관한 법률
자. 성폭력방지 및 피해자보호 등에 관한 법률
차. 입양특례법
카. 일제하 일본군위안부 피해자에 대한 생활안정지원 및 기념사업 등에 관한 법률
타. 사회복지공동모금회법
파. 장애인 · 노인 · 임산부 등의 편의증진 보장에 관한 법률
하. 가정폭력방지 및 피해자보호 등에 관한 법률
거. 농어촌주민의 보건복지증진을 위한 특별법
너. 식품등 기부 활성화에 관한 법률
더. 의료급여법
러. 기초연금법
머. 긴급복지지원법
버. 다문화가족지원법
서. 장애인연금법
어. 장애인활동 지원에 관한 법률
저. 노숙인 등의 복지 및 자립지원에 관한 법률
처. 보호관찰 등에 관한 법률
커. 장애아동 복지지원법
터. 발달장애인 권리보장 및 지원에 관한 법률
퍼. 청소년복지 지원법
허. 그 밖에 대통령령으로 정하는 법률

2. "지역사회복지"란 주민의 복지증진과 삶의 질 향상을 위하여 지역사회 차원에서 전개하는 사회복지를 말한다.
3. "사회복지법인"이란 사회복지사업을 할 목적으로 설립된 법인을 말한다.
4. "사회복지시설"이란 사회복지사업을 할 목적으로 설치된 시설을 말한다.
5. "사회복지관"이란 지역사회를 기반으로 일정한 시설과 전문인력을 갖추고 지역주민의 참여와 협력을 통하여 지역사회의 복지문제를 예방하고 해결하기 위하여 종합적인 복지서비스를 제공하는 시설을 말한다.
6. "사회복지서비스"란 국가 · 지방자치단체 및 민간부문의 도움을 필요로 하는 모든 국민에게 사회보장기본법 제3조제4호에 따른 사회서비스 중 사회복지사업을 통한 서비스를 제공하여 삶의 질이 향상되도록 제도적으로 지원하는 것을 말한다.
7. "보건의료서비스"란 국민의 건강을 보호 · 증진하기 위하여 보건의료인이

하는 모든 활동을 말한다.

제3조(다른 법률과의 관계) ① 사회복지사업의 내용 및 절차 등에 관하여 제2조제1호 각 목의 법률에 특별한 규정이 있는 경우를 제외하고는 이 법에서 정하는 바에 따른다.

② 제2조제1호 각 목의 법률을 개정하는 경우에는 이 법에 부합하도록 하여야 한다.

제4조(복지와 인권증진의 책임) ① 국가와 지방자치단체는 사회복지서비스를 증진하고, 서비스를 이용하는 사람에 대하여 인권침해를 예방하고 차별을 금지하며 인권을 옹호할 책임을 진다.

② 국가와 지방자치단체는 사회복지서비스와 보건의료서비스를 함께 필요로 하는 사람에게 이들 서비스가 연계되어 제공되도록 노력하여야 한다.

③ 국가와 지방자치단체, 그 밖에 사회복지사업을 하는 자는 사회복지를 필요로 하는 사람에 대하여 그 사업과 관련한 상담, 작업치료, 직업훈련 등을 실시하고 필요한 경우에는 주민의 복지 욕구를 조사할 수 있다.

④ 국가와 지방자치단체는 도움을 필요로 하는 국민이 본인의 선호와 필요에 따라 적절한 사회복지서비스를 제공받을 수 있도록 사회복지서비스 수요자 등을 고려하여 사회복지시설이 균형 있게 설치되도록 노력하여야 한다.

⑤ 국가와 지방자치단체는 민간부문의 사회복지 증진활동이 활성화되고 국가 및 지방자치단체의 사회복지사업과 민간부문의 사회복지 증진활동이 원활하게 연계될 수 있도록 노력하여야 한다.

⑥ 국가와 지방자치단체는 사회복지를 필요로 하는 사람의 인권이 충분히 존중되는 방식으로 사회복지서비스를 제공하고 사회복지와 관련된 인권교육을 강화하여야 한다.

⑦ 국가와 지방자치단체는 사회복지서비스를 이용하는 사람이 긴급한 인권침해 상황에 놓인 경우 신속히 대응할 체계를 갖추어야 한다.

⑧ 국가와 지방자치단체는 시설 거주자 또는 보호자의 희망을 반영하여 지역사회보호체계에서 서비스가 제공될 수 있도록 노력하여야 한다.

⑨ 국가와 지방자치단체는 사회복지서비스를 필요로 하는 사람들에게 사회복지서비스의 실시에 대한 정보를 제공하여야 한다.

⑩ 국가와 지방자치단체는 사회복지서비스를 제공하는 자로부터 위법 또는 부

당한 처분을 받아 권리나 이익을 침해당한 사람을 위하여 간이하고 신속한 구제조치를 마련하여야 한다.

제5조(인권존중 및 최대 봉사의 원칙) ① 이 법에 따라 복지업무에 종사하는 사람은 그 업무를 수행할 때에 사회복지를 필요로 하는 사람을 위하여 인권을 존중하고 차별 없이 최대로 봉사하여야 한다.

② 국가와 지방자치단체는 복지업무에 종사하는 사람이 그 업무를 수행할 때에 사회복지를 필요로 하는 사람의 인권을 침해하는 행위를 한 경우에는 제2조제1호 각 목의 법률이 정하는 바에 따라 처분하고 그 사실을 공표하는 등의 조치를 하여야 한다.

제5조의2(사회복지서비스 제공의 원칙) ① 사회복지서비스를 필요로 하는 사람(이하 "보호대상자"라 한다)에 대한 사회복지서비스 제공(이하 "서비스 제공"이라 한다)은 현물(現物)로 제공하는 것을 원칙으로 한다.

② 시장(제주특별자치도 설치 및 국제자유도시 조성을 위한 특별법 제11조제2항에 따른 행정시장을 포함한다. 이하 같다) · 군수 · 구청장(자치구의 구청장을 말한다. 이하 같다)은 국가 또는 지방자치단체 외의 자로 하여금 제1항의 서비스 제공을 실시하게 하는 경우에는 보호대상자에게 사회복지서비스 이용권(이하 "이용권"이라 한다)을 지급하여 국가 또는 지방자치단체 외의 자로부터 그 이용권으로 서비스 제공을 받게 할 수 있다.

③ 국가와 지방자치단체는 사회복지서비스의 품질향상과 원활한 제공을 위하여 필요한 시책을 마련하여야 한다.

④ 국가와 지방자치단체는 사회복지서비스의 품질을 관리하기 위하여 사회복지서비스를 제공하는 기관 · 법인 · 시설 · 단체의 서비스 환경, 서비스 제공 인력의 전문성 등을 평가할 수 있다.

⑤ 보건복지부장관은 제4항에 따른 평가를 위하여 평가기관을 설치 · 운영하거나, 평가의 전부 또는 일부를 관계 기관 또는 단체에 위탁할 수 있다.

⑥ 보건복지부장관은 제5항에 따라 평가를 위탁한 기관 또는 단체에 대하여 그 운영에 필요한 비용을 지원할 수 있다.

제6조(시설 설치의 방해 금지) ① 누구든지 정당한 이유 없이 사회복지시설의 설치를 방해하여서는 아니 된다.

② 시장 · 군수 · 구청장은 정당한 이유 없이 사회복지시설의 설치를 지연시키거나 제한하는 조치를 하여서는 아니 된다.

제6조의2(사회복지시설 업무의 전자화) ① 보

건복지부장관은 사회복지법인 및 사회복지시설의 종사자, 거주자 및 이용자에 관한 자료 등 운영에 필요한 정보의 효율적 처리와 기록 · 관리 업무의 전자화를 위하여 정보시스템을 구축 · 운영할 수 있다.

② 보건복지부장관은 제1항에 따른 정보시스템을 구축 · 운영하는 데 필요한 자료를 수집 · 관리 · 보유할 수 있으며 관련 기관 및 단체에 필요한 자료의 제공을 요청할 수 있다. 이 경우 요청을 받은 기관 및 단체는 정당한 사유가 없으면 그 요청에 따라야 한다.

③ 지방자치단체의 장은 사회복지사업을 수행할 때 관할 복지행정시스템과 제1항에 따른 정보시스템을 전자적으로 연계하여 활용하여야 한다.

④ 사회복지법인의 대표이사와 사회복지시설의 장은 국가와 지방자치단체가 실시하는 사회복지업무의 전자화 시책에 협력하여야 한다.

⑤ 보건복지부장관은 제1항에 따른 정보시스템을 효율적으로 운영하기 위하여 사회보장기본법 제37조제7항에 따른 전담기구에 그 운영에 관한 업무를 위탁할 수 있다.

제6조의3 삭제

제7조 삭제

제7조의2 삭제

제8조 삭제

제9조(사회복지 자원봉사활동의 지원 · 육성) ① 국가와 지방자치단체는 사회복지 자원봉사활동을 지원 · 육성하기 위하여 다음 각 호의 사항을 실시하여야 한다.

1. 자원봉사활동의 홍보 및 교육
2. 자원봉사활동 프로그램의 개발 · 보급
3. 자원봉사활동 중의 재해에 대비한 시책의 개발
4. 그 밖에 자원봉사활동의 지원에 필요한 사항

② 국가와 지방자치단체는 제1항 각 호의 사항을 효율적으로 수행하기 위하여 사회복지법인이나 그 밖의 비영리법인 · 단체에 이를 위탁할 수 있다.

제10조(지도 · 훈련) ① 보건복지부장관은 이 법이나 그 밖의 사회복지 관련 법률의 시행에 관한 사무에 종사하는 공무원과 사회복지사업에 종사하는 사람의 자질 향상을 위하여 인권교육 등 필요한 지도와 훈련을 할 수 있다.

② 제1항의 훈련에 필요한 사항은 보건복지부령으로 정한다.

제11조(사회복지사 자격증의 발급 등) ① 보건복지부장관은 사회복지에 관한 전문

지식과 기술을 가진 사람에게 사회복지사 자격증을 발급할 수 있다.

② 제1항에 따른 사회복지사의 등급은 1급 · 2급 · 3급으로 하고 등급별 자격기준 및 자격증의 발급절차 등은 대통령령으로 정한다.

③ 사회복지사 1급 자격증을 받으려는 사람은 국가시험에 합격하여야 한다.

④ 보건복지부장관은 제2항에 따른 사회복지사 자격증을 발급받거나 재발급받으려는 사람에게 보건복지부령으로 정하는 바에 따라 수수료를 내게 할 수 있다.

제11조(사회복지사 자격증의 발급 등) ① 보건복지부장관은 사회복지에 관한 전문지식과 기술을 가진 사람에게 사회복지사 자격증을 발급할 수 있다.

② 제1항에 따른 사회복지사의 등급은 1급 · 2급으로 하고 등급별 자격기준 및 자격증의 발급절차 등은 대통령령으로 정한다.

③ 사회복지사 1급 자격증을 받으려는 사람은 국가시험에 합격하여야 한다.

④ 보건복지부장관은 제2항에 따른 사회복지사 자격증을 발급받거나 재발급받으려는 사람에게 보건복지부령으로 정하는 바에 따라 수수료를 내게 할 수 있다.

제11조의2(사회복지사의 결격사유) 다음 각 호의 어느 하나에 해당하는 사람은 사회복지사가 될 수 없다.

1. 피성년후견인 또는 피한정후견인
2. 금고 이상의 형을 선고받고 그 집행이 끝나지 아니하였거나 그 집행을 받지 아니하기로 확정되지 아니한 사람
3. 법원의 판결에 따라 자격이 상실되거나 정지된 사람
4. 마약 · 대마 또는 향정신성의약품의 중독자
5. 정신건강증진 및 정신질환자 복지서비스 지원에 관한 법률 제3조제1호에 따른 정신질환자. 다만, 전문의가 사회복지사로서 적합하다고 인정하는 사람은 그러하지 아니하다.

제11조의3(사회복지사의 자격취소 등) ① 보건복지부장관은 사회복지사가 다음 각 호의 어느 하나에 해당하는 경우 그 자격을 취소하거나 1년의 범위에서 정지시킬 수 있다. 다만, 제1호부터 제3호까지에 해당하면 그 자격을 취소하여야 한다.

1. 거짓이나 그 밖의 부정한 방법으로 자격을 취득한 경우
2. 제11조의2 각 호의 어느 하나에 해당하게 된 경우
3. 자격증을 대여 · 양도 또는 위조 · 변조한 경우

4. 사회복지사의 업무수행 중 그 자격과 관련하여 고의나 중대한 과실로 다른 사람에게 손해를 입힌 경우
5. 자격정지 처분을 3회 이상 받았거나, 정지 기간 종료 후 3년 이내에 다시 자격정지 처분에 해당하는 행위를 한 경우
6. 자격정지 처분 기간에 자격증을 사용하여 자격 관련 업무를 수행한 경우

② 제1항에 따라 자격이 취소된 사람은 취소된 날부터 15일 내에 자격증을 보건복지부장관에게 반납하여야 한다.

③ 보건복지부장관은 제1항에 따라 자격이 취소된 사람에게는 그 취소된 날부터 2년 이내에 자격증을 재교부하지 못한다.

제11조의4(유사명칭의 사용금지) 이 법에 따른 사회복지사가 아니면 사회복지사 또는 이와 유사한 명칭을 사용하지 못한다.

제12조(국가시험) ① 제11조제3항에 따른 국가시험은 보건복지부장관이 시행하되, 시험의 관리는 대통령령으로 정하는 바에 따라 시험관리능력이 있다고 인정되는 관계 전문기관에 위탁할 수 있다.

② 보건복지부장관은 제1항에 따라 국가시험의 관리를 위탁하였을 때에는 그에 드는 비용을 예산의 범위에서 보조할 수 있다.

③ 제1항에 따라 시험의 관리를 위탁받은 기관은 보건복지부장관의 승인을 받아 정한 금액을 응시수수료로 받을 수 있다.

④ 시험 과목, 응시자격 등 시험의 실시에 필요한 사항은 대통령령으로 정한다.

제13조(사회복지사의 채용 및 교육 등) ① 사회복지법인 및 사회복지시설을 설치 · 운영하는 자는 대통령령으로 정하는 바에 따라 사회복지사를 그 종사자로 채용하고, 보고방법 · 보고주기 등 보건복지부령으로 정하는 바에 따라 특별시장 · 광역시장 · 특별자치시장 · 도지사 · 특별자치도지사(이하 "시 · 도지사"라 한다) 또는 시장 · 군수 · 구청장에게 사회복지사의 임면에 관한 사항을 보고하여야 한다. 다만, 대통령령으로 정하는 사회복지시설은 그러하지 아니하다.

② 보건복지부장관은 사회복지사의 자질 향상을 위하여 필요하다고 인정하면 사회복지사에게 교육을 받도록 명할 수 있다. 다만, 사회복지법인 또는 사회복지시설에 종사하는 사회복지사는 정기적으로 인권에 관한 내용이 포함된 보수교육(補修教育)을 받아야 한다.

③ 사회복지법인 또는 사회복지시설을 운영하는 자는 그 법인 또는 시설에 종

사하는 사회복지사에 대하여 제2항 단서에 따른 교육을 이유로 불리한 처분을 하여서는 아니 된다.

④ 보건복지부장관은 제2항에 따른 교육을 보건복지부령으로 정하는 기관 또는 단체에 위탁할 수 있다.

⑤ 제2항에 따른 교육의 기간 · 방법 및 내용과 제4항에 따른 위탁 등에 관하여 필요한 사항은 보건복지부령으로 정한다.

제14조 삭제

제15조 삭제

제15조의2(사회복지의 날) ① 국가는 국민의 사회복지에 대한 이해를 증진하고 사회복지사업 종사자의 활동을 장려하기 위하여 매년 9월 7일을 사회복지의 날로 하고, 사회복지의 날부터 1주간을 사회복지주간으로 한다.

② 국가와 지방자치단체는 사회복지의 날의 취지에 적합한 행사 등 사업을 하도록 노력하여야 한다.

제1장의2 삭제

제15조의3~6 삭제

제2장 사회복지법인

제16조(법인의 설립허가) ① 사회복지법인(이하 이 장에서 "법인"이라 한다)을 설립하려는 자는 대통령령으로 정하는 바에 따라 시 · 도지사의 허가를 받아야 한다.

② 제1항에 따라 허가를 받은 자는 법인의 주된 사무소의 소재지에서 설립등기를 하여야 한다.

제17조(정관) ① 법인의 정관에는 다음 각 호의 사항이 포함되어야 한다.

1. 목적
2. 명칭
3. 주된 사무소의 소재지
4. 사업의 종류
5. 자산 및 회계에 관한 사항
6. 임원의 임면(任免) 등에 관한 사항
7. 회의에 관한 사항
8. 수익(收益)을 목적으로 하는 사업이 있는 경우 그에 관한 사항
9. 정관의 변경에 관한 사항
10. 존립시기와 해산 사유를 정한 경우에는 그 시기와 사유 및 남은 재산의 처리방법
11. 공고 및 공고방법에 관한 사항

② 법인이 정관을 변경하려는 경우에는 시 · 도지사의 인가를 받아야 한다. 다만, 보건복지부령으로 정하는 경미한 사항의 경우에는 그러하지 아니하다.

제18조(임원) ① 법인은 대표이사를 포함한 이사 7명 이상과 감사 2명 이상을 두어

야 한다.

② 법인은 제1항에 따른 이사 정수의 3분의 1(소수점 이하는 버린다) 이상을 다음 각 호의 어느 하나에 해당하는 기관이 3배수로 추천한 사람 중에서 선임하여야 한다.

1. 사회보장급여의 이용 · 제공 및 수급권자 발굴에 관한 법률 제40조제1항에 따른 시 · 도사회보장위원회
2. 사회보장급여의 이용 · 제공 및 수급권자 발굴에 관한 법률 제41조제1항에 따른 지역사회보장협의체

③ 이사회의 구성에 있어서 대통령령으로 정하는 특별한 관계에 있는 사람이 이사 현원(現員)의 5분의 1을 초과할 수 없다.

④ 이사의 임기는 3년으로 하고 감사의 임기는 2년으로 하며, 각각 연임할 수 있다.

⑤ 외국인인 이사는 이사 현원의 2분의 1 미만이어야 한다.

⑥ 법인은 임원을 임면하는 경우에는 보건복지부령으로 정하는 바에 따라 지체없이 시 · 도지사에게 보고하여야 한다.

⑦ 감사는 이사와 제3항에 따른 특별한 관계에 있는 사람이 아니어야 하며, 감사 중 1명은 법률 또는 회계에 관한 지식이 있는 사람 중에서 선임하여야 한다. 다만, 대통령령으로 정하는 일정 규모 이상의 법인은 시 · 도지사의 추천을 받아 주식회사 등의 외부감사에 관한 법률 제2조제7호에 따른 감사인에 속한 사람을 감사로 선임하여야 한다.

⑧ 제2항 각 호의 기관은 제2항에 따라 이사를 추천하기 위하여 매년 다음 각 호의 어느 하나에 해당하는 사람으로 이사 후보군을 구성하여 공고하여야 한다. 다만, 사회복지법인의 대표자, 사회복지사업을 하는 비영리법인 또는 단체의 대표자, 사회보장급여의 이용 · 제공 및 수급권자 발굴에 관한 법률 제41조에 따른 지역사회보장협의체의 대표자는 제외한다.

1. 사회복지 또는 보건의료에 관한 학식과 경험이 풍부한 사람
2. 사회복지를 필요로 하는 사람의 이익 등을 대표하는 사람
3. 비영리민간단체 지원법 제2조에 따른 비영리민간단체에서 추천한 사람
4. 사회복지공동모금회법 제14조에 따른 사회복지공동모금지회에서 추천한 사람

제18조의2(임원선임 관련 금품 등 수수 금지) 누구든지 임원의 선임과 관련하여 금품, 향응 또는 그 밖의 재산상 이익을 주고받거나 주고받을 것을 약속하여서는 아

니 된다.

제19조(임원의 결격사유) ① 다음 각 호의 어느 하나에 해당하는 사람은 임원이 될 수 없다.

1. 미성년자

1의2. 피성년후견인 또는 피한정후견인

1의3. 파산선고를 받고 복권되지 아니한 사람

1의4. 법원의 판결에 따라 자격이 상실되거나 정지된 사람

1의5. 금고 이상의 실형을 선고받고 그 집행이 끝나거나(집행이 끝난 것으로 보는 경우를 포함한다) 집행이 면제된 날부터 3년이 지나지 아니한 사람

1의6. 금고 이상의 형의 집행유예를 선고받고 그 유예기간 중에 있는 사람

1의7. 제1호의5 및 제1호의6에도 불구하고 사회복지사업 또는 그 직무와 관련하여 아동복지법 제71조, 보조금 관리에 관한 법률 제40조부터 제42조까지 또는 형법 제28장 · 제40장(제360조는 제외한다)의 죄를 범하거나 이 법을 위반하여 다음 각 목의 어느 하나에 해당하는 사람

가. 100만원 이상의 벌금형을 선고받고 그 형이 확정된 후 5년이 지나지 아니한 사람

나. 형의 집행유예를 선고받고 그 형이 확정된 후 7년이 지나지 아니한 사람

다. 징역형을 선고받고 그 집행이 끝나거나(집행이 끝난 것으로 보는 경우를 포함한다) 집행이 면제된 날부터 7년이 지나지 아니한 사람

1의8. 제1호의5부터 제1호의7까지의 규정에도 불구하고 성폭력범죄의 처벌 등에 관한 특례법 제2조의 성폭력범죄(성폭력범죄의 처벌 등에 관한 특례법 제2조제1항제1호는 제외한다) 또는 아동 · 청소년의 성보호에 관한 법률 제2조제2호의 아동 · 청소년대상 성범죄를 저지른 사람으로서 형 또는 치료감호를 선고받고 확정된 후 그 형 또는 치료감호의 전부 또는 일부의 집행이 끝나거나(집행이 끝난 것으로 보는 경우를 포함한다) 집행이 유예 · 면제된 날부터 10년이 지나지 아니한 사람

2. 제22조에 따른 해임명령에 따라 해임된 날부터 5년이 지나지 아니한 사람

2의2. 제26조에 따라 설립허가가 취소된 사회복지법인의 임원이었던 사람(그 허가의 취소사유 발생에 관하여 직접적인 또는 이에 상응하는 책임이 있는

자로서 대통령령으로 정하는 사람으로 한정한다)으로서 그 설립허가가 취소된 날부터 5년이 지나지 아니한 사람

2의3. 제40조에 따라 시설의 장에서 해임된 사람으로서 해임된 날부터 5년이 지나지 아니한 사람

2의4. 제40조에 따라 폐쇄명령을 받고 3년이 지나지 아니한 사람

3. 사회복지분야의 6급 이상 공무원으로 재직하다 퇴직한 지 3년이 경과하지 아니한 사람 중에서 퇴직 전 5년 동안 소속하였던 기초자치단체가 관할하는 법인의 임원이 되고자 하는 사람

② 임원이 제1항 각 호의 어느 하나에 해당하게 되었을 때에는 그 자격을 상실한다.

제20조(임원의 보충) 이사 또는 감사 중에 결원이 생겼을 때에는 2개월 이내에 보충하여야 한다.

제21조(임원의 겸직 금지) ① 이사는 법인이 설치한 사회복지시설의 장을 제외한 그 시설의 직원을 겸할 수 없다.

② 감사는 법인의 이사, 법인이 설치한 사회복지시설의 장 또는 그 직원을 겸할 수 없다.

제22조(임원의 해임명령) ①시 · 도지사는 임원이 다음 각 호의 어느 하나에 해당할 때에는 법인에 그 임원의 해임을 명할 수 있다.

1. 시 · 도지사의 명령을 정당한 이유 없이 이행하지 아니하였을 때
2. 회계부정이나 인권침해 등 현저한 불법행위 또는 그 밖의 부당행위 등이 발견되었을 때
3. 법인의 업무에 관하여 시 · 도지사에게 보고할 사항에 대하여 고의로 보고를 지연하거나 거짓으로 보고를 하였을 때
4. 제18조제2항 · 제3항 또는 제7항을 위반하여 선임된 사람
5. 제21조를 위반한 사람
6. 제22조의2에 따른 직무집행 정지명령을 이행하지 아니한 사람
7. 그 밖에 이 법 또는 이 법에 따른 명령을 위반하였을 때

② 제1항에 따른 해임명령은 시 · 도지사가 해당 법인에게 그 사유를 들어 시정을 요구한 날부터 15일이 경과하여도 이에 응하지 아니한 경우에 한한다. 다만, 시정을 요구하여도 시정할 수 없는 것이 명백하거나 회계부정, 횡령, 뇌물수수 등 비리의 정도가 중대한 경우에는 시정요구 없이 임원의 해임을 명할 수 있으며, 그 세부적 기준은 대통령령으로 정한다.

제22조의2(임원의 직무집행 정지) ① 시 · 도지사는 제22조에 따른 해임명령을 하기 위하여 같은 조 제1항 각 호의 사실 여부에 대한 조사나 감사가 진행 중인 경우 및 해임명령 기간 중인 경우에는 해당 임원의 직무집행을 정지시킬 수 있다.

② 시 · 도지사는 제1항에 따른 임원의 직무집행 정지사유가 소멸되면 즉시 직무집행 정지명령을 해제하여야 한다.

제22조의3(임시이사의 선임) ① 법인이 제20조에 따른 기간 내에 결원된 이사를 보충하지 아니하여 법인의 정상적인 운영이 어렵다고 판단되는 경우 시 · 도지사는 지체 없이 이해관계인의 청구 또는 직권으로 임시이사를 선임하여야 한다.

② 임시이사는 제1항에 따른 사유가 해소될 때까지 재임한다.

③ 시 · 도지사는 임시이사가 선임되었음에도 불구하고 해당 법인이 정당한 사유 없이 이사회 소집을 기피할 경우 이사회 소집을 권고할 수 있다.

④ 제1항에 따른 임시이사의 선임 등에 필요한 사항은 보건복지부령으로 정한다.

제22조의4(임시이사의 해임) ① 시 · 도지사는 다음 각 호의 어느 하나에 해당하는 경우 이해관계인의 청구 또는 직권으로 임시이사를 해임할 수 있다. 이 경우 제2호부터 제4호까지의 규정에 따라 임시이사를 해임하는 때에는 지체 없이 그 후임자를 선임하여야 한다.

1. 임시이사 선임사유가 해소된 경우
2. 임시이사가 제19조제1항제1호 및 제1호의2부터 제1호의8까지의 어느 하나에 해당하는 경우
3. 임시이사가 직무를 태만히 하여 법인의 정상화가 어려운 경우
4. 임시이사가 제22조제1항 각 호의 어느 하나에 해당하는 경우

② 법인은 제1항에 따라 해임된 임시이사를 이사로 선임할 수 없다.

제23조(재산 등) ① 법인은 사회복지사업의 운영에 필요한 재산을 소유하여야 한다.

② 법인의 재산은 보건복지부령으로 정하는 바에 따라 기본재산과 보통재산으로 구분하며, 기본재산은 그 목록과 가액(價額)을 정관에 적어야 한다.

③ 법인은 기본재산에 관하여 다음 각 호의 어느 하나에 해당하는 경우에는 시 · 도지사의 허가를 받아야 한다. 다만, 보건복지부령으로 정하는 사항에 대하여는 그러하지 아니하다.

1. 매도 · 증여 · 교환 · 임대 · 담보제공 또는 용도변경을 하려는 경우
2. 보건복지부령으로 정하는 금액 이상

을 1년 이상 장기차입(長期借入)하려는 경우

④ 제1항에 따른 재산과 그 회계에 관하여 필요한 사항은 보건복지부령으로 정한다.

제24조(재산 취득 보고) 법인이 매수 · 기부채납(寄附採納), 후원 등의 방법으로 재산을 취득하였을 때에는 지체 없이 이를 법인의 재산으로 편입조치하여야 한다. 이 경우 법인은 그 취득 사유, 취득재산의 종류 · 수량 및 가액을 매년 시 · 도지사에게 보고하여야 한다.

제25조(회의록의 작성 및 공개 등) ① 이사회는 다음 각 호의 사항을 기재한 회의록을 작성하여야 한다. 다만, 이사회 개최 당일에 회의록 작성이 어려운 사정이 있는 경우에는 안건별로 심의 · 의결 결과를 기록한 회의조서를 작성한 후 회의록을 작성할 수 있다.

1. 개의, 회의 중지 및 산회 일시
2. 안건
3. 의사
4. 출석한 임원의 성명
5. 표결수
6. 그 밖에 대표이사가 작성할 필요가 있다고 인정하는 사항

② 회의록 및 회의조서에는 출석임원 전원이 날인하되 그 회의록 또는 회의조서가 2매 이상인 경우에는 간인(間印)하여야 한다.

③ 제1항 단서에 따라 회의조서를 작성한 경우에는 조속한 시일 내에 회의록을 작성하여야 한다.

④ 법인은 회의록을 공개하여야 한다. 다만, 대통령령으로 정하는 사항에 대하여는 이사회의 의결로 공개하지 아니할 수 있다.

⑤ 회의록의 공개에 관한 기간 · 절차, 그 밖에 필요한 사항은 대통령령으로 정한다.

제26조(설립허가 취소 등) ① 시 · 도지사는 법인이 다음 각 호의 어느 하나에 해당할 때에는 기간을 정하여 시정명령을 하거나 설립허가를 취소할 수 있다. 다만, 제1호 또는 제7호에 해당할 때에는 설립허가를 취소하여야 한다.

1. 거짓이나 그 밖의 부정한 방법으로 설립허가를 받았을 때
2. 설립허가 조건을 위반하였을 때
3. 목적 달성이 불가능하게 되었을 때
4. 목적사업 외의 사업을 하였을 때
5. 정당한 사유 없이 설립허가를 받은 날부터 6개월 이내에 목적사업을 시작하지 아니하거나 1년 이상 사업실적

이 없을 때

6. 법인이 운영하는 시설에서 반복적 또는 집단적 성폭력범죄가 발생한 때
7. 법인 설립 후 기본재산을 출연하지 아니한 때
8. 제18조제1항의 임원정수를 위반한 때
9. 제18조제2항을 위반하여 이사를 선임한 때
10. 제22조에 따른 임원의 해임명령을 이행하지 아니한 때
11. 그 밖에 이 법 또는 이 법에 따른 명령이나 정관을 위반하였을 때

② 법인이 제1항 각 호(제1호 및 제7호는 제외한다)의 어느 하나에 해당하여 설립허가를 취소하는 경우는 다른 방법으로 감독 목적을 달성할 수 없거나 시정을 명한 후 6개월 이내에 법인이 이를 이행하지 아니한 경우로 한정한다.

제27조(남은 재산의 처리) ① 해산한 법인의 남은 재산은 정관으로 정하는 바에 따라 국가 또는 지방자치단체에 귀속된다.

② 제1항에 따라 국가 또는 지방자치단체에 귀속된 재산은 사회복지사업에 사용하거나 유사한 목적을 가진 법인에 무상으로 대여하거나 무상으로 사용 · 수익하게 할 수 있다. 다만, 해산한 법인의 이사 본인 및 그와 대통령령으로 정하는 특별한 관계에 있는 사람이 이사로 있는 법인에 대하여는 그러하지 아니하다.

제28조(수익사업) ① 법인은 목적사업의 경비에 충당하기 위하여 필요할 때에는 법인의 설립 목적 수행에 지장이 없는 범위에서 수익사업을 할 수 있다.

② 법인은 제1항에 따른 수익사업에서 생긴 수익을 법인 또는 법인이 설치한 사회복지시설의 운영 외의 목적에 사용할 수 없다.

③ 제1항에 따른 수익사업에 관한 회계는 법인의 다른 회계와 구분하여 회계처리하여야 한다.

제29조 삭제

제30조(합병) ① 법인은 시 · 도지사의 허가를 받아 이 법에 따른 다른 법인과 합병할 수 있다. 다만, 주된 사무소가 서로 다른 특별시 · 광역시 · 특별자치시 · 도 · 특별자치도(이하 "시 · 도"라 한다)에 소재한 법인 간의 합병의 경우에는 보건복지부장관의 허가를 받아야 한다.

② 제1항에 따라 법인이 합병하는 경우 합병 후 존속하는 법인이나 합병으로 설립된 법인은 합병으로 소멸된 법인의 지위를 승계한다.

제31조(동일명칭 사용 금지) 이 법에 따른 사회복지법인이 아닌 자는 사회복지법인

이라는 명칭을 사용하지 못한다.

제32조(다른 법률의 준용) 법인에 관하여 이 법에서 규정한 사항을 제외하고는 민법과 공익법인의 설립·운영에 관한 법률을 준용한다.

제33조(사회복지협의회) ① 사회복지에 관한 다음 각 호의 업무를 수행하기 위하여 전국 단위의 한국사회복지협의회(이하 "중앙협의회"라 한다)와 시·도 단위의 시·도 사회복지협의회(이하 "시·도협의회"라 한다)를 두며, 필요한 경우에는 시(제주특별자치도 설치 및 국제자유도시 조성을 위한 특별법 제10조제2항에 따른 행정시를 포함한다. 이하 같다)·군·구(자치구를 말한다. 이하 같다) 단위의 시·군·구 사회복지협의회(이하 "시·군·구협의회"라 한다)를 둘 수 있다.

1. 사회복지에 관한 조사·연구 및 정책 건의
2. 사회복지 관련 기관·단체 간의 연계·협력·조정
3. 사회복지 소외계층 발굴 및 민간사회복지자원과의 연계·협력
4. 대통령령으로 정하는 사회복지사업의 조성 등

② 중앙협의회, 시·도협의회 및 시·군·구협의회는 이 법에 따른 사회복지법인으로 하되, 제23조제1항은 적용하지 아니한다.

③ 중앙협의회의 설립 및 운영 등에 관한 허가, 인가, 보고 등에 관하여 제16조제1항, 제17조제2항, 제18조제6항·제7항, 제22조, 제23조제3항, 제24조, 제26조제1항 및 제30조제1항을 적용할 때에는 "시·도지사"는 "보건복지부장관"으로 본다.

④ 중앙협의회, 시·도협의회 및 시·군·구협의회의 조직과 운영 등에 필요한 사항은 대통령령으로 정한다.

제2장의2

제33조의2~8 삭제

제3장 사회복지시설

제34조(사회복지시설의 설치) ① 국가나 지방자치단체는 사회복지시설(이하 "시설"이라 한다)을 설치·운영할 수 있다.

② 국가 또는 지방자치단체 외의 자가 시설을 설치·운영하려는 경우에는 보건복지부령으로 정하는 바에 따라 시장·군수·구청장에게 신고하여야 한다. 다만, 다음 각 호의 어느 하나에 해당하는 자는 시설의 설치·운영 신고를 할 수 없다.

1. 제40조에 따라 폐쇄명령을 받고 3년이 지나지 아니한 자
2. 제19조제1항제1호 및 제1호의2부터 제1호의8까지의 어느 하나에 해당하는 개인 또는 그 개인이 임원인 법인

③ 시설을 설치 · 운영하는 자는 보건복지부령으로 정하는 재무 · 회계에 관한 기준에 따라 시설을 투명하게 운영하여야 한다.

④ 제1항에 따라 국가나 지방자치단체가 설치한 시설은 필요한 경우 사회복지법인이나 비영리법인에 위탁하여 운영하게 할 수 있다.

⑤ 제4항에 따른 위탁운영의 기준 · 기간 및 방법 등에 관하여 필요한 사항은 보건복지부령으로 정한다.

제34조의2(시설의 통합 설치 · 운영 등에 관한 특례) ① 이 법 또는 제2조제1호 각 목의 법률에 따른 시설을 설치 · 운영하려는 경우에는 지역특성과 시설분포의 실태를 고려하여 이 법 또는 제2조제1호 각 목의 법률에 따른 시설을 통합하여 하나의 시설로 설치 · 운영하거나 하나의 시설에서 둘 이상의 사회복지사업을 통합하여 수행할 수 있다. 이 경우 국가 또는 지방자치단체 외의 자는 통합하여 설치 · 운영하려는 각각의 시설이나 사회복지사업에 관하여 해당 관계 법령에 따라 신고하거나 허가 등을 받아야 한다.

② 제1항에 따라 둘 이상의 시설을 통합하여 하나의 시설로 설치 · 운영하거나 하나의 시설에서 둘 이상의 사회복지사업을 통합하여 수행하는 경우 해당 시설에서 공동으로 이용하거나 배치할 수 있는 시설 및 인력 기준 등은 보건복지부령으로 정한다.

제34조의3(보험가입 의무) ① 시설의 운영자는 다음 각 호의 손해배상책임을 이행하기 위하여 손해보험회사의 책임보험에 가입하거나 사회복지사 등의 처우 및 지위 향상을 위한 법률 제4조에 따른 한국사회복지공제회의 책임공제에 가입하여야 한다.

1. 화재로 인한 손해배상책임
2. 화재 외의 안전사고로 인하여 생명 · 신체에 피해를 입은 보호대상자에 대한 손해배상책임

② 국가나 지방자치단체는 예산의 범위에서 제1항에 따른 책임보험 또는 책임공제의 가입에 드는 비용의 전부 또는 일부를 보조할 수 있다.

③ 제1항에 따라 책임보험이나 책임공제에 가입하여야 할 시설의 범위는 대통령령으로 정한다.

제34조의4(시설의 안전점검 등) ① 시설의 장은 시설에 대하여 정기 및 수시 안전점검을 실시하여야 한다.

② 시설의 장은 제1항에 따라 정기 또는 수시 안전점검을 한 후 그 결과를 시장 · 군수 · 구청장에게 제출하여야 한다.

③ 시장 · 군수 · 구청장은 제2항에 따른 결과를 받은 후 필요한 경우에는 시설의 운영자에게 시설의 보완 또는 개수(改修) · 보수를 요구할 수 있으며, 이 경우 시설의 운영자는 요구에 따라야 한다.

④ 국가나 지방자치단체는 예산의 범위에서 제1항부터 제3항까지의 규정에 따른 안전점검, 시설의 보완 및 개수 · 보수에 드는 비용의 전부 또는 일부를 보조할 수 있다.

⑤ 제1항부터 제4항까지의 규정에 따른 정기 또는 수시 안전점검을 받아야 하는 시설의 범위, 안전점검 시기, 안전점검기관 및 그 절차는 대통령령으로 정한다.

제34조의5(사회복지관의 설치 등) ① 제34조제1항과 제2항에 따른 시설 중 사회복지관은 지역사회의 특성과 지역주민의 복지욕구를 고려하여 서비스 제공 등 지역복지증진을 위한 사업을 실시할 수 있다.

② 사회복지관은 모든 지역주민을 대상으로 사회복지서비스를 실시하되, 다음 각 호의 지역주민에게 우선 제공하여야 한다.

1. 국민기초생활 보장법에 따른 수급자 및 차상위계층
2. 장애인, 노인, 한부모가족 및 다문화가족
3. 직업 및 취업 알선이 필요한 사람
4. 보호와 교육이 필요한 유아 · 아동 및 청소년
5. 그밖에 사회복지관의 사회복지서비스를 우선 제공할 필요가 있다고 인정되는 사람

③ 그밖에 사회복지관의 설치 · 운영 · 사업 등에 필요한 사항은 보건복지부령으로 정한다.

제35조(시설의 장) ① 시설의 장은 상근(常勤)하여야 한다.

② 다음 각 호의 어느 하나에 해당하는 사람은 시설의 장이 될 수 없다.

1. 제19조제1항제1호, 제1호의2부터 제1호의8까지 및 제2호의2부터 제2호의4까지의 어느 하나에 해당하는 사람
2. 제22조에 따른 해임명령에 따라 해임된 날부터 5년이 지나지 아니한 사람
3. 사회복지분야의 6급 이상 공무원으로 재직하다 퇴직한 지 3년이 경과하지 아니한 사람 중에서 퇴직 전 5년 동안

소속하였던 기초자치단체가 관할하는 시설의 장이 되고자 하는 사람

제35조의2(종사자) ① 사회복지법인과 사회복지시설을 설치 · 운영하는 자는 시설에 근무할 종사자를 채용할 수 있다.

② 다음 각 호의 어느 하나에 해당하는 사람은 사회복지법인 또는 사회복지시설의 종사자가 될 수 없다.

1. 제19조제1항제1호의7 또는 제1호의8에 해당하는 사람
2. 제1호에도 불구하고 종사자로 재직하는 동안 시설이용자를 대상으로 성폭력범죄의 처벌 등에 관한 특례법 제2조에 따른 성폭력범죄 및 아동 · 청소년의 성보호에 관한 법률 제2조제2호에 따른 아동 · 청소년대상 성범죄를 저질러 금고 이상의 형 또는 치료감호를 선고받고 그 형이 확정된 사람

제36조(운영위원회) ① 시설의 장은 시설의 운영에 관한 다음 각 호의 사항을 심의하기 위하여 시설에 운영위원회를 두어야 한다. 다만, 보건복지부령으로 정하는 경우에는 복수의 시설에 공동으로 운영위원회를 둘 수 있다.

1. 시설운영계획의 수립 · 평가에 관한 사항
2. 사회복지 프로그램의 개발 · 평가에 관한 사항
3. 시설 종사자의 근무환경 개선에 관한 사항
4. 시설 거주자의 생활환경 개선 및 고충 처리 등에 관한 사항
5. 시설 종사자와 거주자의 인권보호 및 권익증진에 관한 사항
6. 시설과 지역사회의 협력에 관한 사항
7. 그 밖에 시설의 장이 운영위원회의 회의에 부치는 사항

② 운영위원회의 위원은 다음 각 호의 어느 하나에 해당하는 사람 중에서 관할 시장 · 군수 · 구청장이 임명하거나 위촉한다.

1. 시설의 장
2. 시설 거주자 대표
3. 시설 거주자의 보호자 대표
4. 시설 종사자의 대표
5. 해당 시 · 군 · 구 소속의 사회복지업무를 담당하는 공무원
6. 후원자 대표 또는 지역주민
7. 공익단체에서 추천한 사람
8. 그 밖에 시설의 운영 또는 사회복지에 관하여 전문적인 지식과 경험이 풍부한 사람

③ 시설의 장은 다음 각 호의 사항을 제1항에 따른 운영위원회에 보고하여야 한다.

1. 시설의 회계 및 예산 · 결산에 관한 사항
2. 후원금 조성 및 집행에 관한 사항
3. 그 밖에 시설운영과 관련된 사건 · 사고에 관한 사항

④ 그 밖에 운영위원회의 조직 및 운영에 관한 사항은 보건복지부령으로 정한다.

제37조(시설의 서류 비치) 시설의 장은 후원금품대장 등 보건복지부령으로 정하는 서류를 시설에 갖추어 두어야 한다.

제38조(시설의 휴지 · 재개 · 폐지 신고 등) ① 제34조제2항에 따른 신고를 한 자는 지체 없이 시설의 운영을 시작하여야 한다.

② 시설의 운영자는 그 운영을 일정 기간 중단하거나 다시 시작하거나 시설을 폐지하려는 경우에는 보건복지부령으로 정하는 바에 따라 시장 · 군수 · 구청장에게 신고하여야 한다.

③ 시장 · 군수 · 구청장은 제2항에 따라 시설 운영이 중단되거나 시설이 폐지되는 경우에는 보건복지부령으로 정하는 바에 따라 시설 거주자의 권익을 보호하기 위하여 다음 각 호의 조치를 하여야 한다.

1. 시설 거주자가 다른 시설을 선택할 수 있도록 하고 그 이행을 확인하는 조치
2. 시설 거주자가 이용료 · 사용료 등의 비용을 부담하는 경우 납부한 비용 중 사용하지 아니한 금액을 반환하게 하고 그 이행을 확인하는 조치
3. 보조금 · 후원금 등의 사용 실태 확인과 이를 재원으로 조성한 재산 중 남은 재산의 회수조치
4. 그 밖에 시설 거주자의 권익 보호를 위하여 필요하다고 인정되는 조치

④ 시설 운영자가 제2항에 따라 시설운영을 재개하려고 할 때에는 보건복지부령으로 정하는 바에 따라 시설 거주자의 권익을 보호하기 위하여 다음 각 호의 조치를 하여야 한다.

1. 운영 중단 사유의 해소
2. 향후 안정적 운영계획의 수립
3. 그 밖에 시설 거주자의 권익 보호를 위하여 보건복지부장관이 필요하다고 인정하는 조치

⑤ 제1항과 제2항에 따른 시설 운영의 개시 · 중단 · 재개 및 시설 폐지의 신고 등에 관하여 필요한 사항은 보건복지부령으로 정한다.

제39조 삭제

제40조(시설의 개선, 사업의 정지, 시설의 폐쇄 등) ① 보건복지부장관, 시 · 도지사 또는 시장 · 군수 · 구청장은 시설이 다음 각 호의 어느 하나에 해당할 때에는 그 시설의 개선, 사업의 정지, 시설의 장

의 교체를 명하거나 시설의 폐쇄를 명할 수 있다.

1. 시설이 설치기준에 미달하게 되었을 때
2. 사회복지법인 또는 비영리법인이 설치 · 운영하는 시설의 경우 그 사회복지법인 또는 비영리법인의 설립허가가 취소되었을 때
3. 설치 목적이 달성되었거나 그 밖의 사유로 계속하여 운영될 필요가 없다고 인정할 때
4. 회계부정이나 불법행위 또는 그 밖의 부당행위 등이 발견되었을 때
5. 제34조제2항에 따른 신고를 하지 아니하고 시설을 설치 · 운영하였을 때
6. 제36조제1항에 따른 운영위원회를 설치하지 아니하거나 운영하지 아니하였을 때
7. 정당한 이유 없이 제51조제1항에 따른 보고 또는 자료 제출을 하지 아니하거나 거짓으로 하였을 때
8. 정당한 이유 없이 제51조제1항에 따른 검사 · 질문을 거부 · 방해하거나 기피하였을 때
9. 시설에서 성폭력범죄의 처벌 등에 관한 특례법 제2조제1항 제3호부터 제5호까지의 성폭력범죄 또는 아동 · 청소년의 성보호에 관한 법률 제2조제3호의 아동 · 청소년대상 성폭력범죄가 발생한 때
10. 1년 이상 시설이 휴지상태에 있어 시장 · 군수 · 구청장이 재개를 권고하였음에도 불구하고 재개하지 아니한 때

② 제1항에 따른 사업의 정지 및 시설의 폐쇄 명령을 받은 경우에는 제38조제3항을 준용한다.

③ 제1항에 따른 행정처분의 세부적인 기준은 그 위반행위의 유형과 위반 정도 등을 고려하여 보건복지부령으로 정한다.

제41조(시설 수용인원의 제한) 각 시설의 수용인원은 300명을 초과할 수 없다. 다만, 대통령령으로 정하는 경우에는 그러하지 아니하다.

제3장의2 재가복지

제41조의2(재가복지서비스) ① 국가나 지방자치단체는 보호대상자가 다음 각 호의 어느 하나에 해당하는 재가복지서비스를 제공받도록 할 수 있다.

1. 가정봉사서비스: 가사 및 개인활동을 지원하거나 정서활동을 지원하는 서비스
2. 주간 · 단기 보호서비스: 주간 · 단기 보호시설에서 급식 및 치료 등 일상생활의 편의를 낮 동안 또는 단기간 동

안 제공하거나 가족에 대한 교육 및 상담을 지원하는 서비스

② 시장 · 군수 · 구청장은 사회보장급여의 이용 · 제공 및 수급권자 발굴에 관한 법률 제15조에 따른 보호대상자별 서비스 제공 계획에 따라 보호대상자에게 사회복지서비스를 제공하는 경우 시설 입소에 우선하여 제1항 각 호의 재가복지서비스를 제공하도록 하여야 한다.

제41조의3 삭제

제41조의4(가정봉사원의 양성) 국가나 지방자치단체는 재가복지서비스를 필요로 하는 가정 또는 시설에서 보호대상자가 일상생활을 하기 위하여 필요한 각종 편의를 제공하는 가정봉사원을 양성하도록 노력하여야 한다.

제4장 보칙

제42조(보조금 등) ① 국가나 지방자치단체는 사회복지사업을 하는 자 중 대통령령으로 정하는 자에게 운영비 등 필요한 비용의 전부 또는 일부를 보조할 수 있다.

② 제1항에 따른 보조금은 그 목적 외의 용도에 사용할 수 없다.

③ 국가나 지방자치단체는 제1항에 따라 보조금을 받은 자가 다음 각 호의 어느 하나에 해당할 때에는 이미 지급한 보조금의 전부 또는 일부의 반환을 명할 수 있다. 다만, 제1호 및 제2호의 경우에는 반환을 명하여야 한다.

1. 거짓이나 그 밖의 부정한 방법으로 보조금을 받았을 때
2. 사업 목적 외의 용도에 보조금을 사용하였을 때
3. 이 법 또는 이 법에 따른 명령을 위반하였을 때

④ 제1항에 따른 보조금과 관련하여 이 법에서 규정한 사항 외에는 보조금 관리에 관한 법률 및 지방재정법을 따른다.

제42조의2(국유 · 공유 재산의 우선매각) 국가나 지방자치단체는 사회복지사업과 관련한 시설을 설치하거나 사업을 육성하기 위하여 필요하다고 인정하면 국유재산법과 공유재산 및 물품 관리법에도 불구하고 사회복지법인 또는 사회복지시설에 국유 · 공유 재산을 우선매각하거나 임대할 수 있다.

제42조의3(지방자치단체에 대한 지원금) ① 보건복지부장관은 시 · 도지사 및 시장 · 군수 · 구청장에게 사회복지사업의 수행에 필요한 비용을 지원할 수 있다.

② 보건복지부장관은 사회보장급여의 이용 · 제공 및 수급권자 발굴에 관한 법률 제39조에 따른 평가결과를 반영하여

제1항에 따른 지원을 할 수 있다.

③ 제1항에 따른 지원금의 지급기준 · 지급방법 등에 관하여 필요한 사항은 보건복지부령으로 정한다.

제43조(시설의 서비스 최저기준) ① 보건복지부장관은 시설에서 제공하는 서비스의 최저기준을 마련하여야 한다.

② 시설 운영자는 제1항의 서비스 최저기준 이상으로 서비스 수준을 유지하여야 한다.

③ 제1항의 서비스 기준 대상시설과 서비스 내용 등에 관하여 필요한 사항은 보건복지부령으로 정한다.

제43조의2(시설의 평가) ① 보건복지부장관과 시 · 도지사는 보건복지부령으로 정하는 바에 따라 시설을 정기적으로 평가하고, 그 결과를 공표하거나 시설의 감독 · 지원 등에 반영할 수 있으며 시설 거주자를 다른 시설로 보내는 등의 조치를 할 수 있다.

② 보건복지부장관이나 시 · 도지사는 제1항의 평가 결과에 따라 시설 거주자를 다른 시설로 보내는 경우에는 제38조 제3항의 조치를 하여야 한다.

제44조(비용의 징수) 이 법에 따른 복지조치에 필요한 비용을 부담한 지방자치단체의 장이나 그 밖에 시설을 운영하는 자는 그 혜택을 받은 본인 또는 그 부양의무자로부터 대통령령으로 정하는 바에 따라 그가 부담한 비용의 전부 또는 일부를 징수할 수 있다.

제45조(후원금의 관리) ① 사회복지법인의 대표이사와 시설의 장은 아무런 대가 없이 무상으로 받은 금품이나 그 밖의 자산(이하 "후원금"이라 한다)의 수입 · 지출 내용을 공개하여야 하며 그 관리에 명확성이 확보되도록 하여야 한다.

② 후원금에 관한 영수증 발급, 수입 및 사용결과 보고, 그 밖에 후원금 관리 및 공개 절차 등 구체적인 사항은 보건복지부령으로 정한다.

제46조(한국사회복지사협회) ① 사회복지사는 사회복지에 관한 전문지식과 기술을 개발 · 보급하고, 사회복지사의 자질 향상을 위한 교육훈련을 실시하며, 사회복지사의 복지증진을 도모하기 위하여 한국사회복지사협회(이하 "협회"라 한다)를 설립한다.

② 제1항에 따른 협회는 법인으로 하되, 협회의 조직과 운영 등에 필요한 사항은 대통령령으로 정한다.

③ 협회에 관하여 이 법에서 규정한 사항을 제외하고는 민법 중 사단법인에 관한 규정을 준용한다.

제47조(비밀누설의 금지) 사회복지사업 또는 사회복지업무에 종사하였거나 종사하고 있는 사람은 그 업무 수행 과정에서 알게 된 다른 사람의 비밀을 누설하여서는 아니 된다.

제48조(압류 금지) 이 법 및 제2조제1호 각 목의 법률에 따라 지급된 금품과 이를 받을 권리는 압류하지 못한다.

제49조(청문) 보건복지부장관, 시·도지사 또는 시장·군수·구청장은 다음 각 호의 어느 하나에 해당하는 처분을 하려면 청문을 실시하여야 한다.

1. 제11조의3에 따른 사회복지사의 자격 취소
2. 제26조에 따른 설립허가 취소
3. 제40조에 따른 시설의 폐쇄

제50조(포상) 정부는 사회복지사업에 관하여 공로가 현저하거나 모범이 되는 자에게 포상(褒賞)을 할 수 있다.

제51조(지도·감독 등) ① 보건복지부장관, 시·도지사 또는 시장·군수·구청장은 사회복지사업을 운영하는 자의 소관 업무에 관하여 지도·감독을 하며, 필요한 경우 그 업무에 관하여 보고 또는 관계 서류의 제출을 명하거나, 소속 공무원으로 하여금 사회복지법인의 사무소 또는 시설에 출입하여 검사 또는 질문을 하게 할 수 있다.

② 사회복지법인의 주된 사무소의 소재지와 시설의 소재지가 같은 시·도 또는 시·군·구에 있지 아니한 경우 그 시설의 업무에 관하여는 시설 소재지의 시·도지사 또는 시장·군수·구청장이 지도·감독 등을 한다. 이 경우 지도·감독 등을 위하여 필요할 때에는 사회복지법인의 업무에 대하여 사회복지법인의 주된 사무소 소재지의 시·도지사 또는 시장·군수·구청장에게 협조를 요청할 수 있다.

③ 제2항에 따른 지도·감독 등에 관하여 따로 지방자치단체 간에 협약을 체결한 경우에는 제2항에도 불구하고 협약에서 정한 시·도지사 또는 시장·군수·구청장이 지도·감독 등의 업무를 수행한다.

④ 제1항에 따라 검사 또는 질문을 하는 관계 공무원은 그 권한을 표시하는 증표를 지니고 이를 관계인에게 보여주어야 한다.

⑤ 보건복지부장관, 시·도지사 또는 시장·군수·구청장은 지도·감독을 실시한 후 제26 조 및 제40조에 따른 행정처분 등을 한 경우에는 처분 대상인 법인 또는 시설의 명칭, 처분사유, 처분내용

등 처분과 관련된 정보를 대통령령으로 정하는 바에 따라 공표할 수 있다.

⑥ 지도 · 감독 기관은 사회복지 사업을 운영하는 자의 소관 업무에 대한 지도 · 감독에 있어 필요한 경우 촉탁할 수 있으며 촉탁받은 자의 업무범위와 권한은 대통령령으로 정한다.

제52조(권한의 위임 또는 위탁) ① 이 법에 따른 보건복지부장관 또는 시 · 도지사의 권한은 대통령령으로 정하는 바에 따라 그 일부를 시 · 도지사 또는 시장 · 군수 · 구청장에게 위임할 수 있다.

② 보건복지부장관은 이 법에 따른 업무의 일부를 대통령령으로 정하는 바에 따라 제6조의2제5항에 따른 전담기구, 사회복지 관련 기관 또는 단체에 위탁할 수 있다.

제5장 벌칙

제53조(벌칙) 다음 각 호의 어느 하나에 해당하는 자는 5년 이하의 징역 또는 5천만원 이하의 벌금에 처한다.

1. 제23조제3항을 위반한 자
2. 제42조제2항을 위반한 자

제53조의2 삭제

제53조의3 삭제

제54조(벌칙) 다음 각 호의 어느 하나에 해당하는 자는 1년 이하의 징역 또는 1천만원 이하의 벌금에 처한다.

1. 제6조제1항을 위반한 자

1의2. 제18조의2를 위반하여 금품, 향응 또는 재산상의 이익을 주고받거나 주고받을 것을 약속한 사람

2. 제28조제2항을 위반한 자
3. 제34조제2항에 따른 신고를 하지 아니하고 시설을 설치 · 운영한 자
4. 정당한 이유 없이 제38조제3항(제40조제2항에서 준용하는 경우를 포함한다)에 따른 시설 거주자 권익 보호조치를 기피하거나 거부한 자
5. 정당한 이유 없이 제40조제1항에 따른 명령을 이행하지 아니한 자
6. 제47조를 위반한 자
7. 정당한 이유 없이 제51조제1항에 따른 보고를 하지 아니하거나 거짓으로 보고한 자, 자료를 제출하지 아니하거나 거짓 자료를 제출한 자, 검사 · 질문을 거부 · 방해 또는 기피한 자

제55조(벌칙) 제13조를 위반한 자는 300만원 이하의 벌금에 처한다.

제56조(양벌규정) 법인의 대표자나 법인 또는 개인의 대리인 · 사용인, 그 밖의 종업원이 그 법인 또는 개인의 업무에 관하여 제53조, 제54조 및 제55조의 위반행

위를 하면 그 행위자를 벌하는 외에 그 법인 또는 개인에게도 해당 조문의 벌금형을 과(科)한다. 다만, 법인 또는 개인이 그 위반행위를 방지하기 위하여 해당 업무에 관하여 상당한 주의와 감독을 게을리하지 아니한 경우에는 그러하지 아니하다.

제57조(벌칙 적용 시의 공무원 의제) 제12조제1항 또는 제52조제2항에 따라 위탁받은 업무를 수행하는 제6조의2제5항에 따른 전담기구, 사회복지 관련 기관 또는 단체 임직원은 형법 제129조부터 제132조까지의 규정을 적용할 때에는 공무원으로 본다.

제58조(과태료) ① 제13조제2항 단서 및 제3항, 제11조의4, 제18조제6항, 제24조, 제31조, 제34조의3, 제34조의4, 제37조, 제38조제1항 · 제2항 또는 제45조를 위반한 자에게는 300만원 이하의 과태료를 부과한다.

② 삭제

③ 제1항에 따른 과태료는 대통령령으로 정하는 바에 따라 보건복지부장관, 시 · 도지사 또는 시장 · 군수 · 구청장이 부과 · 징수한다.

부칙

제1조(시행일) 이 법은 공포 후 1년이 경과한 날부터 시행한다.

제2조부터 **제13조**까지 생략

제14조(다른 법률의 개정) ①부터 ⑰까지 생략

⑱사회복지사업법 일부를 다음과 같이 개정한다.

제18조제7항 단서 중 "주식회사의 외부감사에 관한 법률 제3조제1항"을 "주식회사 등의 외부감사에 관한 법률 제2조제7호"로 한다.

⑲부터 ㊲까지 생략

제15조 생략

사회복지사업법시행령

대통령령 제29250호(2018. 10. 23.)

제1조(목적) 이 영은 사회복지사업법에서 위임된 사항과 그 시행에 필요한 사항을 규정함을 목적으로 한다.

제1조의2(사회복지사업 관련 법률) 사회복지사업법(이하 "법"이라 한다) 제2조제1호 허목에서 "대통령령으로 정하는 법률"이란 북한이탈주민의 보호 및 정착지원에 관한 법률을 말한다.

제2조(사회복지사의 등급별 자격기준 등) ① 법 제11조제2항의 규정에 의한 사회복지사의 등급별 자격기준은 별표 1과 같다.

② 사회복지사의 자격증을 발급받으려는 사람은 보건복지부령으로 정하는 바에 따라 사회복지사자격증 발급 신청서를 보건복지부장관에게 제출하여야 한다.

제3조(국가시험의 시행 등) ①보건복지부장관은 법 제12조의 규정에 의한 사회복지사 1급의 국가시험(이하 "시험"이라 한다)을 매년 1회이상 실시하여야 한다.

② 보건복지부장관은 법 제12조제1항에 따라 다음 각 호의 어느 하나에 해당하는 관계전문기관을 시험관리기관으로 지정하여 시험관리업무를 위탁한다.

1. 시험에 관한 조사 · 연구 등을 통하여 시험에 관한 전문적인 능력을 갖춘 비영리법인
2. 사회복지에 관한 전문지식과 기술을 갖춘 비영리법인
3. 한국산업인력공단법에 따른 한국산업인력공단

③ 시험관리기관의 장은 제1항에 따른 시험을 실시하고자 하는 때에는 미리 보건복지부장관의 승인을 얻어 시험일시 · 시험장소 · 시험과목 · 응시원서의 제출기간 · 응시수수료의 반환기준, 그 밖에 필요한 사항을 시험일 90일 전까지 공고하여야 한다. 이 경우 응시수수료의 반환기준은 보건복지부령으로 정한다.

④ 시험은 필기시험의 방법에 의하여 실시하며, 그 시험과목은 별표 2와 같다.

⑤ 시험의 합격결정에 있어서는 매 과목 4할이상, 전 과목 총점의 6할 이상을 득

점한 자를 합격자로 한다.

제4조(시험의 응시자격 및 시험관리) ①법 제12조제4항의 규정에 의하여 시험에 응시할 수 있는 자격은 별표 3과 같다.

② 시험에 응시하고자 하는 자는 시험관리기관의 장이 정하는 응시원서를 시험관리 기관의 장에게 제출(전자문서에 의한 제출을 포함한다)하여야 한다.

③ 시험관리기관의 장은 시험을 실시한 때에는 합격자를 결정 · 발표하고, 그 합격자에 대한 다음 각호의 사항을 보건복지부장관 및 법 제46조의 규정에 의한 한국사회복지사협회(이하 "협회"라 한다)에 통보하여야 한다.

1. 성명 및 주소
2. 시험 합격번호 및 합격연월일

제5조(시험위원) ①시험관리기관의 장은 시험을 실시하고자 하는 때에는 시험과목별로 전문지식을 갖춘 자중에서 시험위원을 위촉한다.

② 제1항의 시험위원에게는 예산의 범위안에서 수당과 여비를 지급할 수 있다.

제5조의2(관계기관 등에의 협조요청) 시험관리기관의 장은 시험관리업무의 원활한 수행을 위하여 필요한 경우에는 국가 · 지방자치단체 또는 관계기관 · 단체에 대하여 시험장소 및 시험감독의 지원 등에 필요한 협조를 요청할 수 있다.

제6조(사회복지사의 채용) ① 법 제13조제1항 본문에 따라 사회복지법인 또는 사회복지시설을 설치 · 운영하는 자는 해당 법인 또는 시설에서 다음 각 호에 해당하는 업무에 종사하는 자를 사회복지사로 채용하여야 한다. 다만, 법 제2조제1호 각 목의 법률에서 따로 정하고 있는 경우에는 그에 의한다.

1. 사회복지프로그램의 개발 및 운영업무
2. 시설거주자의 생활지도업무
3. 사회복지를 필요로 하는 사람에 대한 상담업무

② 법 제13조제1항 단서에서 "대통령령으로 정하는 사회복지시설"이란 다음 각 호의 시설을 말한다.

1. 노인복지법에 따른 노인여가복지시설(노인복지관은 제외한다)
2. 장애인복지법에 따른 장애인 지역사회재활시설 중 수화통역센터, 점자도서관, 점자도서 및 녹음서 출판시설
3. 영유아보육법에 따른 어린이집
4. 성매매방지 및 피해자보호 등에 관한 법률 제9조에 따른 성매매피해자등을 위한 지원시설 및 같은 법 제17조에 따른 성매매피해상담소
5. 정신건강증진 및 정신질환자 복지서

비스 지원에 관한 법률 제3조제6호 및 제7호에 따른 정신요양시설 및 정신재활시설

6. 성폭력방지 및 피해자보호 등에 관한 법률에 따른 성폭력피해상담소

제7조 삭제

제7조의2~4 삭제

제8조(사회복지법인의 설립허가신청 등) ① 법 제16조에 따라 사회복지법인의 설립허가를 받으려는 자는 법인설립허가신청서에 보건복지부령으로 정하는 서류를 첨부하여 사회복지법인의 주된 사무소의 소재지를 관할하는 시장(제주특별자치도 설치 및 국제자유도시 조성을 위한 특별법 제11조제2항에 따른 행정시장을 포함한다. 이하 같다) · 군수 · 구청장(자치구의 구청장을 말한다. 이하 같다)을 거쳐 특별시장 · 광역시장 · 특별자치시장 · 도지사 · 특별자치도지사(이하 "시 · 도지사"라 한다)에게 제출(전자문서에 의한 제출을 포함한다)하여야 한다.

② 시장 · 군수 · 구청장은 제1항에 따라 법인설립허가신청서를 받은 때에는 자산에 관한 실지조사의 결과와 사회복지법인 설립의 필요성에 관한 검토의견을 첨부하여 시 · 도지사에게 송부(전자문서에 의한 송부를 포함한다)하여야 한다.

제8조의2(이사 추천의 절차 등) ① 사회복지법인은 법 제18조제2항에 따라 이사의 추천을 받으려면 이사의 선임사유가 발생한 날부터 15일 이내에 같은 항 각 호의 어느 하나에 해당하는 기관에 법인의 설립 취지, 목적사업의 내용 및 이사가 갖추어야 할 사항 등에 관한 자료를 첨부하여 서면으로 이사의 추천을 요청하여야 한다. 다만, 선임사유가 이사의 임기만료인 경우에는 임기만료 3개월 전부터 추천을 요청할 수 있다.

② 제1항에 따라 이사의 추천 요청을 받은 기관은 특별한 사유가 없으면 그 요청을 받은 날부터 30일 이내에 해당 법인의 설립 목적을 고려하여 이사를 추천하여야 하며, 필요한 경우 이사의 추천 요청을 한 자로부터 의견을 들을 수 있다.

③ 제1항에 따라 이사의 추천 요청을 받은 기관은 시 · 도지사 또는 시장 · 군수 · 구청장에게 제2항에 따라 이사로 추천하려는 사람이 법 제19조에 따른 결격사유에 해당하는지 확인해 줄 것을요청할 수 있다. 이 경우 이사로 추천하려는 사람의 동의를 받아야 한다.

④ 제3항에 따라 확인 요청을 받은 시 · 도지사 또는 시장 · 군수 · 구청장은 특별한 사유가 없으면 이에 따라야 한다.

제9조(특별한 관계에 있는 자의 범위) ①법 제18조제3항에서 "대통령령으로 정하는 특별한 관계에 있는 사람"이란 다음 각 호의 사람을 말한다.

1. 출연자
2. 출연자 또는 이사와의 관계가 다음 각 목의 어느 하나에 해당하는 사람
   가. 6촌 이내의 혈족
   나. 4촌 이내의 인척
   다. 배우자(사실상 혼인관계에 있는 사람을 포함한다)
   라. 친생자(親生子)로서 다른 사람에게 친양자(親養子)로 입양된 사람 및 그 배우자와 직계비속
3. 출연자 또는 이사의 사용인 그 밖에 고용관계에 있는 자(출연자 또는 이사가 출자에 의하여 사실상 지배하고 있는 법인의 사용인 그 밖에 고용관계에 있는 자를 포함한다)
4. 출연자 또는 이사의 금전 그 밖의 재산에 의하여 생계를 유지하는 자 및 그와 생계를 함께 하는 자
5. 출연자 또는 이사가 재산을 출연한 다른 법인의 이사

② 제1항제3호에서 "출자에 의하여 사실상 지배하고 있는 법인"이라 함은 법인이 다음 각호의 1에 해당하는 것을 말한다.

1. 법인의 발행주식총액 또는 출자총액의 100분의 30 이상을 출자자 1인과 그와 제1항제2호 · 제4호 및 사용인 그 밖에 고용관계에 있는 자(이하 이 항에서 "지배주주"라 한다)가 소유하고 있는 경우
2. 법인의 발행주식총액 또는 출자총액의 100분의 50 이상을 제1호의 법인과 그의 지배주주가 소유하고 있는 경우
3. 법인의 발행주식총액 또는 출자총액의 100분의 50 이상을 제1호의 법인과 그의 지배주주 및 제2호의 법인이 소유하고 있는 경우

제10조(감사인 선임 대상 사회복지법인의 규모) 법 제18조제7항 단서에서 "대통령령으로 정하는 일정 규모 이상의 법인"이란 감사 선임 당시 법인(법인이 설치 · 운영하는 사회복지시설을 포함한다)의 직전 3회계연도의 세입결산서에 따른 세입의 평균이 30억원 이상인 사회복지법인을 말한다.

제10조의2(임원의 결격사유) 법 제19조제1항 제2호의2에서 "대통령령으로 정하는 사람"이란 사회복지법인의 설립허가가 취소사유(이하 "취소사유"라 한다)가 발생한 당시에 그 법인의 임원이었던 사람으로서 다음 각 호의 어느 하나에 해당하는

사람을 말한다.

1. 대표이사
2. 감사. 다만, 법 제32조에 따라 준용되는 공익법인의 설립 · 운영에 관한 법률 제10조제2항 및 제3항에 따라 감사가 다음 각 목의 어느 하나에 해당하는 경우는 제외한다.
   가. 취소사유를 발견하고 지체 없이 이를 시 · 도지사에게 보고한 경우
   나. 취소사유에 해당하는 행위를 한 이사의 직무집행을 정지할 것을 법원에 청구한 경우
3. 취소사유의 발생이 이사회의 의결에 따른 것일 경우 그 의결에 찬성한 이사. 이 경우 의결에 참여한 이사 중 이의를 제기한 사실이 이사회 회의록에 적혀 있지 아니한 이사는 그 의결에 찬성한 것으로 추정한다.

제10조의3(시정요구 없는 임원 해임명령의 세부 기준) 시 · 도지사가 법 제22조제2항 단서에 따라 사회복지법인에 대하여 시정요구 없이 임원의 해임을 명할 수 있는 경우는 다음 각 호의 어느 하나에 해당하는 경우로 한다.

1. 시정을 요구하여도 기한 내에 시정할 수 없는 것이 물리적으로 명백한 경우
2. 임원이 해당 사회복지법인 또는 사회복지법인이 운영하는 사회복지시설의 재산 · 보조금에 대하여 회계부정, 횡령 또는 절취를 하거나 그 업무와 관련하여 뇌물수수 또는 배임(背任)행위를 한 경우

제10조의4(회의록의 공개기간 등) ① 사회복지법인은 법 제25조제4항 본문에 따라 이사회의 회의록을 회의일부터 10일 이내에 해당 사회복지법인의 인터넷 홈페이지와 관할 시 · 도지사가 지정하는 인터넷 홈페이지에 3개월간 공개하여야 한다.
② 사회복지법인의 종사자 및 사회복지법인이 설치 · 운영하는 시설의 종사자, 이용자, 거주자 또는 거주자의 보호자는 제1항에 따른 공개기간이 지난 후에도 다음 각 호의 사항을 적은 이사회 회의록 공개청구서를 사회복지법인에 제출하여 회의록 공개를 청구할 수 있다.

1. 청구인의 이름 · 생년월일 · 주소 및 연락처(전화번호 · 전자우편주소 등을 말한다)
2. 공개를 청구하는 회의록의 내용 및 공개방법

③ 사회복지법인은 제2항에 따라 공개청구를 받은 내용이 법 제25조제4항 단서에 따른 비공개 사항에 해당하지 아니하는 경우에는 10일 이내에 이를 공개하

여야 한다. 이 경우 공개 사항과 비공개 사항이 섞여 있는 경우로서 공개 청구의 취지에 어긋나지 아니하는 범위에서 두 사항을 분리할 수 있을 때에는 이를 분리하여 공개 사항만을 공개하여야 한다.

제10조의5(회의록의 비공개 사항) ① 법 제25조제4항 단서에 따라 공개하지 아니할 수 있는 사항에 관하여는 공공기관의 정보공개에 관한 법률 제9조제1항제4호부터 제8호까지의 규정을 준용한다. 이 경우 "공공기관"은 "사회복지법인"으로, "공무원"은 "사회복지법인의 임직원"으로 본다.

② 법인은 제1항에 해당하는 사항이 기간의 경과 등으로 인하여 비공개의 필요성이 없어진 경우에는 해당 사항을 공개 대상으로 하여야 한다.

제10조의6(이사와 특별한 관계에 있는 사람의 범위) 법 제27조제2항 단서에서 "대통령령으로 정하는 특별한 관계에 있는 사람"이란 해산한 법인의 이사와의 관계가 제9조제1항제2호부터 제5호까지의 어느 하나에 해당하는 사람을 말한다.

제11조(사회복지법인의 합병) ① 법 제30조에 따라 사회복지법인의 합병허가를 받고자 하는 때에는 법인합병허가신청서에 합병후 존속하는 사회복지법인 또는 합병에 의하여 설립되는 사회복지법인의 정관과 보건복지부령으로 정하는 서류를 첨부하여 시 · 도지사(법 제30조제1항 단서에 따른 합병의 경우에는 보건복지부장관을 말한다)에게 제출(전자문서에 의한 제출을 포함한다)하여야 한다.

② 합병에 의하여 사회복지법인을 새로이 설립하고자 하는 경우에는 관계사회복지법인이 각각 5인씩 지명하는 설립위원이 정관의 작성 등 사회복지법인설립에 관한 사무를 공동으로 행하여야 한다.

제12조(한국사회복지협의회 등의 업무) 법 제33조제1항제4호에서 "대통령령으로 정하는 사회복지사업"이란 다음 각 호의 사업 및 업무를 말한다.

1. 사회복지에 관한 교육훈련
2. 사회복지에 관한 자료수집 및 간행물 발간
3. 사회복지에 관한 계몽 및 홍보
4. 자원봉사활동의 진흥
5. 사회복지사업에 관한 기부문화의 조성
6. 사회복지사업에 종사하는 사람의 교육훈련과 복지증진
7. 사회복지에 관한 학술 도입과 국제사회복지단체와의 교류
8. 보건복지부장관이 위탁하는 사회복지에 관한 업무[법 제33조제1항에 따른

중앙협의회(이하 "중앙협의회"라 한다)만 해당한다]

9. 시 · 도지사 및 중앙협의회가 위탁하는 사회복지에 관한 업무[법 제33조제1항에 따른 시 · 도협의회(이하 "시 · 도협의회"라 한다)만 해당한다]
10. 시 · 도지사, 시장 · 군수 · 구청장, 중앙협의회 및 시 · 도협의회가 위탁하는 사회복지에 관한 업무[법 제33조제1항에 따른 시 · 군 · 구협의회(이하 "시 · 군 · 구협의회"라 한다)만 해당한다]
11. 그 밖에 중앙협의회, 시 · 도협의회, 시 · 군 · 구협의회의 목적 달성에 필요하여 각각의 정관에서 정하는 사항

제13조(중앙협의회 등의 회원) ① 다음 각호의 1에 해당하는 자는 중앙협의회의 회원이 될 수 있다.

1. 시 · 도협의회의 장
2. 사회복지법인 및 사회복지사업과 관련있는 비영리법인의 대표자
3. 경제계 · 언론계 · 종교계 · 법조계 · 문화계 · 교육계 및 보건의료계 등을 대표하는 자
4. 기타 사회복지사업수행에 필요하다고 인정되어 중앙협의회의 장이 추천하는 자

② 다음 각호의 1에 해당하는 자는 시 · 도협의회의 회원이 될 수 있다.

1. 시 · 군 · 구협의회의 장
2. 당해 지역에 주된 사무소가 있는 사회복지법인 및 사회복지사업과 관련있는 비영리법인의 대표자
3. 당해 지역의 경제계 · 언론계 · 종교계 · 법조계 · 문화계 · 교육계 및 보건의료계 등을 대표하는 자
4. 그 밖에 지역사회의 복지발전을 위하여 시 · 도협의회의 장이 추천하는 자

③ 다음 각호의 1에 해당하는 자는 시 · 군 · 구협의회의 회원이 될 수 있다.

1. 당해 지역에 주된 사무소가 있는 사회복지법인 및 사회복지사업과 관련있는 비영리법인의 임직원
2. 당해 지역에 주된 사무소가 있는 사회복지시설의 종사자
3. 당해 지역의 경제계 · 언론계 · 종교계 · 법조계 · 문화계 · 교육계 및 보건의료계 등에 종사하는 자
4. 그 밖에 지역사회의 복지발전을 위하여 시 · 군 · 구협의회의 장이 추천하는 자

제14조(임원) ① 중앙협의회, 시 · 도협의회 및 시 · 군 · 구협의회(이하 "각 협의회"라 한다)는 임원으로 대표이사 1인을 포

함한 15인 이상 30인 이하(시 · 군 · 구협의회의 경우에는 10인 이상 30인 이하)의 이사와 감사 2인을 둔다.

② 이사와 감사의 임기는 3년으로 하되, 각각 연임할 수 있다.

③ 임원의 선출방법과 그 자격요건에 관하여 필요한 사항은 정관으로 정한다.

제15조(이사회) ① 각 협의회에 이사로 구성되는 이사회를 둔다.

② 이사회는 정관이 정하는 바에 따라 각 협의회의 업무에 관한 중요사항을 심의 · 의결한다.

③ 대표이사는 이사회를 소집하고, 그 의장이 된다.

④ 감사는 이사회에 출석하여 의견을 진술할 수 있다.

⑤ 이사회의 운영에 관하여 필요한 사항은 정관으로 정한다.

제16조 삭제

제17조(각 협의회의 운영경비) 각 협의회의 운영경비는 회원의 회비, 국가 및 지방자치단체의 보조금, 사업수입 및 기타 수입으로 충당한다.

제18조(상호협조) 각 협의회는 원활한 업무추진을 위하여 상호협조하여야 한다.

제18조의2 삭제

제18조의3(보험가입 의무) 법 제34조의3제1항에 따라 책임보험이나 책임공제에 가입하여야 할 사회복지시설의 범위는 다음 각 호와 같다.

1. 법 제2조제1호 각 목의 법률에 따른 사회복지시설
2. 사회복지관
3. 결핵 및 한센병 요양시설

제18조의4(시설의 안전점검 등) ① 법 제34조의4에 따른 안전점검을 받아야 하는 사회복지시설의 범위는 다음 각 호와 같다.

1. 법 제2조제1호 각 목의 법률에 따른 사회복지시설
2. 사회복지관
3. 결핵 및 한센병 요양시설

② 제1항의 규정에 의한 사회복지시설(이하 이 조에서 "시설"이라 한다)의 장은 매 반기마다 보건복지부장관이 정하는 바에 따라 정기안전점검을 실시하여야 한다.

③ 시설의 장은 제2항에 따른 정기안전점검 결과 해당 시설의 구조 · 설비의 안전도가 취약하여 위해의 우려가 있는 때에는 다음 각 호의 어느 하나에 해당하는 안전점검기관에 시설물의 안전 및 유지관리에 관한 특별법 제21조에 따른 안전점검등에 관한 지침에 따라 수시안전점검을 실시하도록 하여야 한다.

1. 시설물의 안전 및 유지관리에 관한 특별법 제28조에 따라 등록한 안전진단 전문기관
2. 건설산업기본법 제9조에 따라 등록한 시설물의 유지관리를 업으로 하는 건설업자

제19조(수용인원 300명 초과시설) 법 제41조 단서에 따라 수용인원 300명을 초과할 수 있는 사회복지시설은 다음 각 호의 어느 하나에 해당하는 시설로 한다.

1. 노인복지법 제32조에 따른 노인주거복지시설 중 양로시설과 노인복지주택
2. 노인복지법 제34조에 따른 노인의료복지시설 중 노인요양시설
3. 보건복지부장관이 사회복지시설의 종류, 지역별 사회복지시설의 수, 지역별 · 종류별 사회복지서비스 수요 및 사회복지사업 관련 종사자의 수 등을 고려하여 정하여 고시하는 기준에 적합하다고 시장 · 군수 · 구청장이 인정하는 사회복지시설

제20조(보조금 등) 법 제42조제1항에서 "대통령령으로 정하는 자"란 다음 각 호의 어느 하나에 해당하는 자를 말한다.

1. 사회복지법인
2. 사회복지사업을 수행하는 비영리법인
3. 사회복지시설 보호대상자를 수용하거나 보육 · 상담 및 자립지원을 하기 위하여 사회복지시설을 설치 · 운영하는 개인

제21조(비용의 징수) ① 법 제44조에 따라 비용을 징수하고자 하는 때에는 그 산출근거를 명시하여 서면으로 통지하여야 한다. 다만, 그 혜택을 받은 본인이 국민기초생활 보장법에 따른 수급자인 경우에는 그 비용을 징수하지 아니한다.

② 제1항의 규정에 의한 비용의 징수방법 및 절차 등에 관하여 필요한 사항은 보건복지부령으로 정한다.

제22조(한국사회복지사협회의 업무) 협회는 다음 각호의 업무를 행한다.

1. 사회복지사에 대한 전문지식 및 기술의 개발 · 보급
2. 사회복지사의 전문성 향상을 위한 교육훈련
3. 사회복지사제도에 대한 조사연구 · 학술대회개최 및 홍보 · 출판사업
4. 국제사회복지사단체와의 교류 · 협력
5. 보건복지부장관이 위탁하는 사회복지사업에 관한 업무
6. 기타 협회의 목적달성에 필요한 사항

제23조(협회의 회원) 협회의 회원은 사회복지사 자격증을 발급받은 사람으로 한다.

제24조(준용규정) 협회의 임원, 이사회 및

운영경비에 관하여는 제14조, 제15조 및 제17조를 준용한다. 이 경우 "각 협의회"는 이를 "협회"로 본다.

제24조의2(처분 관련 정보의 공표) ① 법 제51조제5항에 따라 보건복지부장관, 시 · 도지사 또는 시장 · 군수 · 구청장은 다음 각 호의 어느 하나에 해당하는 처분을 한 경우에는 처분사유의 동기, 정도, 횟수 및 그 결과를 고려하여 그 처분과 관련된 정보를 공표할 수 있다.

1. 법 제26조제1항제1호, 제4호 또는 제6호에 해당하는 사유로 사회복지법인의 설립허가를 취소한 경우
2. 법 제40조제1항제4호, 제5호 또는 제7호부터 제9호까지의 규정에 해당하는 사유로 시설의 장의 교체를 명하거나 시설의 폐쇄를 명한 경우

② 보건복지부장관, 시 · 도지사 또는 시장 · 군수 · 구청장은 제1항에 따라 처분과 관련된 정보를 공표하려면 다음 각 호의 사항을 해당 관청의 인터넷 홈페이지에 6개월 이내의 기간 동안 게재하여야 하며, 필요한 경우 신문 등의 진흥에 관한 법률 제2조제1호에 따른 신문에도 게재할 수 있다.

1. 사회복지법인 또는 사회복지시설에 대한 행정처분 결과의 공표라는 내용의 표제
2. 사회복지법인 또는 사회복지시설의 명칭, 소재지
3. 처분의 사유와 근거법령
4. 처분의 내용, 처분일

제24조의3(촉탁받은 자의 업무범위와 권한) ① 법 제51조제6항에 따른 촉탁받은 자의 업무범위와 권한은 다음 각 호와 같다.

1. 법 제51조제1항에 따라 지도 · 감독기관이 보고받은 사항 또는 제출받은 관계 서류 등의 검사에 관한 전문적 지식의 제공
2. 법 제51조제1항에 따른 지도 · 감독기관 소속 공무원의 검사 또는 질문에 관한 자문

② 제1항에 따른 업무를 촉탁받은 자는 관계 공무원과 동행하여 사회복지법인의 사무소 또는 사회복지시설에 출입할 수 있다. 이 경우 그 권한을 표시하는 증표를 지니고 이를 관계인에게 보여주어야 한다.

제25조(권한의 위탁) ① 삭제

② 법 제52조제2항에 따라 보건복지부장관은 법 제6조의2제2항에 따른 자료의 수집 · 관리 · 보유 및 관련 기관 및 단체에 대한 자료의 제공 요청에 관한 업무를 같은 조 제5항에 따른 전담기구(이하

"전담기구"라 한다)에 위탁할 수 있다.

③ 법 제52조제2항의 규정에 의하여 보건복지부장관의 업무중 법 제9조의 규정에 의한 자원봉사활동의 지원 · 육성에 관한 업무는 중앙협의회에, 법 제11조의 규정에 의한 사회복지사자격증의 교부업무는 협회에 위탁한다.

④ 법 제52조제2항에 따라 보건복지부장관은 다음 각호의 업무를 정부가 설립 · 운영비용의 일부를 출연한 비영리법인으로서 사회복지 지도 · 훈련 또는 시설평가에 관한 전문적인 능력을 갖춘 전문기관에 위탁할 수 있다.

1. 법 제10조의 규정에 의한 사회복지사업종사자에 대한 지도 · 훈련업무
2. 법 제43조의2제1항에 따른 사회복지시설에 대한 평가업무

제25조의2(민감정보 및 고유식별정보의 처리)

① 국가, 지방자치단체의 장(법 제9조, 제12조 및 제13조와 이 영 제25조에 따라 그 업무를 위탁받은 자를 포함한다) 또는 전담기구는 다음 각 호의 사무를 수행하기 위하여 불가피한 경우 개인정보보호법 시행령 제19조제1호 또는 제4호에 따른 주민등록번호 또는 외국인등록번호가 포함된 자료를 처리할 수 있다.

1. 법 제6조의2에 따른 정보시스템의 구축 · 운영에 관한 사무
2. 법 제9조에 따른 사회복지 자원봉사활동의 지원 · 육성에 관한 사무
3. 법 제10조에 따른 지도와 훈련에 관한 사무
4. 법 제11조에 따른 사회복지사 자격증 발급 등에 관한 사무
5. 법 제11조의2에 따른 사회복지사 결격사유의 확인에 관한 사무
6. 법 제12조에 따른 사회복지사 국가시험의 관리에 관한 사무
7. 법 제13조에 따른 사회복지사의 교육에 관한 사무
8. 법 제16조에 따른 사회복지법인의 설립허가에 관한 사무
9. 법 제30조에 따른 사회복지법인의 합병에 관한 사무
10. 법 제34조에 따른 사회복지시설의 설치신고에 관한 사무

② 보건복지부장관(제25조에 따라 보건복지부장관의 업무를 위탁받은 자를 포함한다), 지방자치단체의 장(해당 권한이 위임 · 위탁된 경우에는 그 권한을 위임 · 위탁받은 자를 포함한다) 또는 법 제5조의2에 따라 보호대상자에 대한 서비스 제공을 실시하는 자는 다음 각 호의 사무를 수행하기 위하여 불가피한 경

우 개인정보 보호법 제23조에 따른 건강에 관한 정보, 같은 법 시행령 제18조제2호에 따른 범죄경력자료에 해당하는 정보, 같은 영 제19조제1호, 제2호 또는 제4호에 따른 주민등록번호, 여권번호 또는 외국인등록번호가 포함된 자료를 처리할 수 있다.

1. 법 제5조의2제2항에 따른 사회복지서비스 이용권에 관한 사무
2. 법 제44조에 따른 비용의 징수에 관한 사무

제25조의3(규제의 재검토) 보건복지부장관은 제2조제1항 및 별표 1에 따른 사회복지사의 등급별 자격기준에 대하여 2014년 1월 1일을 기준으로 3년마다(매 3년이 되는 해의 1월 1일 전까지를 말한다) 그 타당성을 검토하여 개선 등의 조치를 하여야 한다.

제26조(과태료의 부과 · 징수) 법 제58조에 따른 과태료의 부과기준은 별표 4와 같다.

부칙

이 영은 2018년 10월 25일부터 시행한다.

사회복지사업법시행규칙

보건복지부령 제426호(2016. 8. 3.)

제1조(목적) 이 규칙은 사회복지사업법 및 동법시행령에서 위임된 사항과 그 시행에 관하여 필요한 사항을 규정함을 목적으로 한다.

제2조 삭제

제2조의2(훈련기관 등) ① 사회복지사업법(이하 "법"이라 한다) 제10조에 따라 실시하는 훈련은 사회복지사업법 시행령(이하 "영"이라 한다) 제25조제4항제1호에 따라 보건복지부장관이 지도 · 훈련업무를 위탁한 기관이 실시한다.

② 법 제10조에 따른 훈련은 다음 각 호의 구분에 따라 실시한다.

1. 사회복지 관련 법률의 시행에 관한 사무에 종사하는 공무원에 대한 훈련
2. 사회복지사업에 종사하는 사람으로서 공무원이 아닌 사람에 대한 훈련

③ 제1항에 따른 훈련실시 기관(이하 "훈련기관"이라 한다)의 장은 훈련기관의 수용인원 및 훈련대상자의 직무내용 등을 고려하여 훈련대상자를 선발하여야 한다.

④ 훈련기관의 장은 훈련을 마친 사람에게 수료증을 발급하여야 한다.

⑤ 삭제

⑥ 제1항부터 제4항까지에서 규정한 사항 외에 훈련과목, 훈련기간, 훈련시간, 훈련대상자 선발방법 및 선발기준, 그 밖에 훈련의 실시에 필요한 사항은 훈련기관의 장이 정한다.

제3조(사회복지학 전공교과목과 사회복지관련 교과목) 영 별표 1, 별표 1의2 및 별표 3에서 "보건복지부령이 정하는 사회복지학 전공교과목과 사회복지관련 교과목"이라 함은 별표 1과 같다.

제4조(사회복지사자격증의 발급신청등) ①영 제2조제2항 및 영 제25조제3항에 따라 사회복지사의 자격증(이하 "자격증"이라 한다)을 발급받으려는 자는 별지 제1호 서식의 사회복지사자격증 발급 신청서에 다음 각 호의 서류를 첨부하여 법 제46조에 따른 한국사회복지사협회(이하

"협회"라 한다)에 제출하여야 한다.

1. 삭제
2. 영 별표 1의 사회복지사 자격기준에 해당함을 증명하는 서류 1부(사회복지사 1급 국가시험에 합격한 자를 제외한다)
3. 6개월이내에 촬영한 탈모정면 상반신 반명함판(3 × 4센티미터) 사진 2매

② 제1항에 따라 자격증을 발급받은 자가 그 자격증을 잃어버리거나 헐어서 못쓰게 되어 재발급를 받고자 하는 때에는 별지 제2호서식의 사회복지사자격증 재발급 신청서에 다음 각 호의 서류를 첨부하여 협회에 제출하여야 한다.

1. 사회복지사자격증(헐어서 못쓰게 된 경우에 한한다) 1부
2. 6개월이내에 촬영한 탈모정면 상반신 반명함판(3 × 4센티미터) 사진 1매

③ 협회는 제1항 및 제2항에 따라 자격증의 발급 또는 재발급신청을 받은 때에는 별지 제3호서식의 사회복지사자격증 발급대장에 이를 기재한 후 별지 제4호서식의 사회복지사자격증을 발급하여야 한다.

④ 법 제11조제4항에 따라 자격증을 발급 또는 재발급 받으려는 자는 수수료로 1만원을 납부하여야 한다.

제4조의2(사회복지사의 자격취소 등에 관한 세부기준) 법 제11조의3에 따른 사회복지사의 자격취소 등에 관한 세부기준은 별표 1의2와 같다.

제4조의3(응시수수료의 반환기준) ① 영 제3조제3항 후단에 따른 응시수수료(이하 이 조에서 "수수료"라 한다)의 반환기준은 다음 각 호와 같다.

1. 수수료를 과오납한 경우: 그 과오납한 금액의 전부
2. 시험 시행일 20일 전까지 접수를 취소하는 경우: 납입한 수수료의 전부
3. 시험관리기관의 귀책사유로 시험에 응시하지 못하는 경우: 납입한 수수료의 전부
4. 시험 시행일 10일 전까지 접수를 취소하는 경우: 납입한 수수료의 100분의 50

② 수수료는 그것을 낸 사람이 시험에 응시하지 아니한 경우에는 이를 반환하지 아니한다.

제5조(사회복지사 임면사항 보고 및 보수교육 등) ① 사회복지법인 및 사회복지시설을 설치 · 운영하는 자는 법 제13조제1항에 따라 매월 말일까지 서면 또는 법 제6조의2제1항에 따른 정보시스템을 통하여 별지 제4호의2서식에 따른 사회복지사

의 임면에 관한 사항을 특별시장 · 광역시장 · 특별자치시장 · 도지사 · 특별자치도지사(이하 "시 · 도지사"라 한다) 또는 시장(제주특별자치도 설치 및 국제자유도시 조성을 위한 특별법 제11조제2항에 따른 행정시장을 포함한다. 이하 같다) · 군수 · 구청장(자치구의 구청장을 말한다. 이하 같다)에게 보고하여야 한다.

② 보건복지부장관은 법 제13조제2항 본문에 따라 사회복지사에 대하여 교육을 명하려면 미리 교육 목적 · 내용 · 시간 등을 알려야 한다.

③ 법 제13조제2항 단서에 따라 사회복지법인 또는 사회복지시설에 종사하는 사회복지사는 연간 8시간 이상의 보수교육을 받아야 한다. 다만, 다음 각 호의 어느 하나에 해당하는 자에 대하여는 보수교육을 면제한다.

1. 군복무, 질병, 해외체류, 휴직 등 부득이한 사유로 해당 연도에 6개월 이상 사회복지법인 또는 사회복지시설에 종사하지 아니한 자
2. 법 제2조제1호 각 목의 법률에 따른 보수교육을 받은 자

2의2. 고등교육법 제2조에 따른 학교에서 사회복지학 또는 사회사업학을 전공하고 있는 사람

3. 그 밖에 불가피한 사유로 보수교육을 받기가 곤란하다고 보건복지부장관이 인정하는 자

④ 제3항 단서에 따라 보수교육이 면제되는 자는 별지 제5호서식의 사회복지사 보수교육 면제신청서에 면제대상자임을 증명할 수 있는 서류를 첨부하여 제6항에 따른 협회의 장에게 제출하여야 한다.

⑤ 제3항에 따른 보수교육에는 사회복지 윤리 및 인권보호, 사회복지정책 및 사회복지실천기술 등이 포함되어야 한다.

⑥ 법 제13조제4항에 따라 보건복지부장관은 제2항 및 제3항에 따른 교육을 협회, 사회복지관계 기관 또는 단체에 위탁할 수 있다.

⑦ 보건복지부장관은 제6항에 따라 교육을 위탁한 때에는 위탁받은 협회, 기관 또는 단체(이하 "수탁기관"이라 한다) 및 위탁업무의 내용을 고시하여야 한다.

⑧ 수탁기관은 사회복지법인 또는 사회복지시설을 운영하는 자에게 보수교육 대상자명단 제출을 요청할 수 있다.

제5조의2(보수교육 계획 및 실적보고 등) ① 수탁기관의 장은 매년 1월 31일까지 별지 제5호의2서식에 따른 해당 연도 보수교육 계획서를, 매년 2월 말일까지 별지

제5호의3서식에 따른 전년도 보수교육 실적보고서를 각각 보건복지부장관에게 제출하여야 한다.

② 수탁기관의 장은 보수교육을 받은 자에 대하여 별지 제5호의4서식의 사회복지사 보수교육 이수증을 발급하여야 한다.

제5조의3(보수교육 관계서류의 보존) 수탁기관의 장은 다음 각 호의 서류를 3년 동안 보존하여야 한다.

1. 보수교육 대상자명단(대상자 교육이수 여부가 명시되어야 한다)
2. 보수교육 면제자 명단(협회에 한정한다)
3. 그 밖에 이수자의 보수교육이수를 확인할 수 있는 서류

제6조 삭제

제6조의2 삭제

제7조(법인의 설립허가 신청등) ① 영 제8조제1항에 따른 사회복지법인(이하 "법인"이라 한다) 설립허가신청서는 별지 제7호서식에 의한다.

② 제1항의 신청서에는 다음 각 호의 서류를 첨부하여야 한다. 이 경우 시 · 도지사는 전자정부법 제36조제1항에 따른 행정정보의 공동이용을 통하여 건물등기부 등본 및 토지등기부 등본과 부동산 가격공시 및 감정평가에 관한 법률 제11조에 따른 개별공시지가 확인서(이하 "개별공시지가 확인서"라 한다)를 확인하여야 한다.

1. 설립취지서 1부
2. 정관 1부
3. 재산출연증서 1부
4. 삭제
5. 재산의 소유를 증명할 수 있는 서류(시 · 도지사가 전자정부법 제36조제1항에 따른 행정정보의 공동이용을 통하여 소유권에 대한 정보를 확인할 수 있는 경우에는 그 확인으로 첨부서류를 갈음한다. 이하 같다) 각 1부
6. 재산의 평가조서(부동산 가격공시 및 감정평가에 관한 법률에 따른 감정평가업자의 감정평가서를 첨부하되, 개별공시지가 확인서로 첨부서류에 대한 정보를 확인할 수 있는 경우에는 그 확인으로 첨부서류를 갈음한다. 이하 같다) 1부
7. 재산의 수익조서(수익용 기본재산을 갖춘 경우에 한하며, 공인된 감정평가기관의 수익증명 또는 수익을 증명할 수 있는 기관의 증빙서류를 첨부하여야 한다. 이하 같다) 1부
8. 임원의 취임승낙서 및 이력서 각 1부

8의2. 법 제18조제2항 각 호의 어느 하나에 해당하는 기관으로부터 받은 이사

추천서 1부

9. 임원 상호간의 관계에 있어 법 제18조 제3항에 저촉되지 아니함을 입증하는 각서 1부

10. 설립 해당 연도 및 다음 연도의 사업 계획서 및 예산서 각 1부

③ 시 · 도지사는 제1항에 따른 신청에 대하여 허가를 하는 때에는 별지 제8호 서식의 사회복지법인설립허가증을 신청인에게 발급하여야 한다.

④ 시 · 도지사는 별지 제8호의2서식의 사회복지법인관리대장을 작성 · 관리하여야 한다.

제8조(정관의 변경) 법 제17조제2항에 따라 법인이 정관을 변경하고자 하는 때에는 별지 제9호서식의 사회복지법인정관변경인가신청서에 다음 각호의 서류를 첨부하여 시 · 도지사에게 제출하여야 한다. 이 경우 시 · 도지사는 전자정부법 제36조제1항에 따른 행정정보의 공동이용을 통하여 건물등기부 등본 및 토지등기부 등본과 개별공시지가 확인서를 확인하여야 한다.

1. 정관의 변경을 결의한 이사회 회의록 사본 1부
2. 정관변경안 1부
3. 사업변경계획서, 예산서 및 재산의 소유를 증명할 수 있는 서류(사업의 변동이 있는 경우에 한한다) 각 1부
4. 재산의 평가조서 및 재산의 수익조서(사업의 변동이 있는 경우에 한한다) 각 1부

제9조(인가를 요하지 아니하는 정관변경) 법 제17조제2항 단서에서 "보건복지부령으로 정하는 경미한 사항"이라 함은 법 제17조제1항제11호의 사항을 말한다.

제10조(임원의 임면보고) 법 제18조제6항에 따라 법인이 임원의 임면보고를 하고자 하는 때에는 별지 제10호서식의 법인임원임면보고서에 다음 각 호의 서류를 첨부하여 시 · 도지사에게 제출하여야 한다. 이 경우 법인 설립 당시 취임하는 임원에 대해서는 법인설립허가를 신청할 때에 임원의 선임보고를 한 것으로 본다.

1. 당해임원의 선임 또는 해임을 결의한 이사회 회의록사본 1부
2. 제7조제2항제8호, 제8호의2 및 제9호의 서류 각 1부

제11조(임시이사의 선임 또는 해임 청구) 법 제22조의3제1항 또는 법 제22조의4제1항에 따라 이해관계인이 임시이사의 선임 또는 해임을 청구하려면 청구사유와 이해관계인임을 증명하는 서류를 시 · 도지사에게 제출하여야 한다.

제12조(재산의 구분 및 범위) ① 법 제23조의 규정에 의한 법인의 기본재산은 다음 각 호에 해당하는 재산으로 하고, 그 밖의 재산은 보통재산으로 한다.

1. 부동산
2. 정관에서 기본재산으로 정한 재산
3. 이사회의 결의에 의하여 기본재산으로 편입된 재산

② 제1항의 규정에 의한 기본재산은 다음 각호와 같이 목적사업용 기본재산과 수익용 기본재산으로 구분한다. 다만, 제13조제2항의 규정에 해당하는 법인에 있어서는 이를 구분하지 아니할 수 있다.

1. 목적사업용 기본재산 : 법인이 사회복지시설(이하 "시설"이라 한다)등을 설치하는 데 직접 사용하는 기본재산
2. 수익용 기본재산 : 법인이 그 수익으로 목적사업의 수행에 필요한 경비를 충당하기 위한 기본재산

제13조(기본재산의 기준) ① 법 제23조에 따라 시설의 설치 · 운영을 목적으로 하는 법인은 다음 각 호의 구분에 따라 기본재산을 갖추어야 한다.

1. 시설거주자를 보호하기 위한 시설 : 다음 각 목의 구분에 따라 상시 10명 이상의 시설거주자를 보호할 수 있는 목적사업용 기본재산을 갖추어야 한다. 다만, 법 제2조제1호 각 목의 법률에서 10명 미만의 소규모시설을 따로 정하고 있는 경우에는 해당 법률에 의한 시설의 설치기준에 해당하는 목적사업용 기본재산을 갖추어야 한다.
   가. 법 제2조제1호 각 목의 법률에 따른 시설 및 사회복지관 : 법 제2조제1호 각 목의 법률에 따른 시설 및 사회복지관의 설치기준에 해당하는 목적사업용 기본재산
   나. 결핵 및 한센병 요양시설 : 입소정원에 13.2제곱미터를 곱한 시설면적 이상에 해당하는 목적사업용 기본재산
2. 제1호외의 시설 : 해당 법인이 설치 · 운영하고자 하는 시설을 갖출 수 있는 목적사업용 기본재산

② 법 제23조에 따라 시설의 설치 · 운영을 목적으로 하지 아니하고 사회복지사업을 지원하는 것을 목적으로 하는 법인은 법인의 운영경비의 전액을 충당할 수 있는 기본재산을 갖추어야 한다.

제14조(기본재산의 처분) ① 법인은 법 제23조제3항제1호에 따라 기본재산의 매도 · 증여 · 교환 · 임대 · 담보제공 또는 용도변경(이하 "처분"이라 한다)에 관한 허가를 받고자 하는 경우에는 별지 제11

호서식의 기본재산처분허가신청서에 다음 각 호의 서류를 첨부하여 시 · 도지사에게 제출하여야 한다. 이 경우 시 · 도지사는 전자정부법 제36조제1항에 따른 행정정보의 공동이용을 통하여 개별공시지가 확인서를 확인하여야 한다.

1. 기본재산의 처분을 결의한 이사회 회의록사본 1부
2. 처분하는 기본재산의 명세서 1부
3. 처분하는 기본재산의 감정평가서(교환의 경우에는 취득하는 재산의 감정평가서를 포함하며, 개별공시지가서 확인서로 첨부서류에 대한 정보를 확인할 수 있는 경우에는 그 확인으로 첨부서류를 갈음한다) 1부

② 법 제23조제3항 단서에서 "보건복지부령으로 정하는 사항"이란 기본재산에 관한 임대계약을 갱신하는 경우를 말한다.

제15조(장기차입금액의 허가) ① 법 제23조제3항제2호에서 "보건복지부령이 정하는 금액이상"이라 함은 장기차입하고자 하는 금액을 포함한 장기차입금의 총액이 기본재산 총액에서 차입당시의 부채총액을 공제한 금액의 100분의 5에 상당하는 금액이상을 말한다.

② 제1항의 규정에 의한 금액을 장기차입하고자 하는 경우에는 별지 제12호서식의 장기차입허가신청서에 다음 각호의 서류를 첨부하여 시 · 도지사에게 제출하여야 한다.

1. 이사회 회의록사본 1부
2. 차입목적 또는 사유서(차입용도를 포함한다) 1부
3. 상환계획서 1부

제16조(재산취득보고) 법인은 법 제24조 후단의 규정에 의하여 매년 1월말까지 전년도의 재산취득상황을 시 · 도지사에게 보고하여야 한다.

제17조 삭제

제18조 삭제

제19조(법인의 합병) ① 영 제11조제1항의 규정에 의한 법인합병허가신청서는 별지 제14호서식에 의한다.

② 제1항의 신청서에는 다음 각호의 구분에 따른 서류를 첨부하여야 한다. 이 경우 시 · 도지사(법 제30조제1항 단서에 따른 합병의 경우에는 보건복지부장관을 말한다)는 전자정부법 제36조제1항에 따른 행정정보의 공동이용을 통하여 건물등기부 등본 및 토지등기부 등본과 개별공시지가 확인서를 확인하여야 한다.

1. 합병후 존속하는 법인
   가. 관계법인의 합병결의서 · 정관 · 재산목록 및 대차대조표 각 1부

나. 정관변경안 1부
다. 사업계획서 · 예산서 및 재산의 소유를 증명할 수 있는 서류 각 1부
라. 재산의 평가조서 및 재산의 수익조서 각 1부
2. 합병에 의하여 새로이 설립되는 법인
가. 합병취지서 · 재산목록 및 대차대조표 각 1부
나. 합병 당해연도 및 다음 연도의 사업계획서 및 예산서 각 1부
다. 제7조제2항제2호 내지 제9호의 서류 각 1부

제20조(시설의 설치 · 운영신고등) ① 법 제34조제2항에 따라 국가 또는 지방자치단체 외의 자가 시설을 설치 · 운영하고자 하는 때에는 별지 제15호서식의 사회복지시설설치 · 운영신고서(전자문서로 된 신고서를 포함한다)에 다음 각 호의 서류(전자문서를 포함한다)를 첨부하여 관할 시장 · 군수 · 구청장에게 제출하여야 한다. 이 경우 시장 · 군수 · 구청장은 전자정부법 제36조제1항에 따른 행정정보의 공동이용을 통하여 법인 등기사항증명서(법인인 경우만 해당한다) · 건물등기부 등본 및 토지등기부 등본을 확인하여야 한다.

1. 법인의 정관(법인에 한한다) 1부
2. 시설운영에 필요한 재산목록(소유를 증명할 수 있는 서류를 첨부하되, 시장 · 군수 · 구청장이 전자정부법 제36조제1항에 따른 행정정보의 공동이용을 통하여 소유권에 대한 정보를 확인할 수 있는 경우에는 그 확인으로 첨부서류를 갈음한다. 다만, 국 · 공유 토지나 건물에 시설을 설치 · 운영하고자 하는 경우에는 그 사용권을 증명할 수 있는 서류로 갈음할 수 있다) 1부
3. 삭제
4. 사업계획서 및 예산서 각 1부
5. 시설의 평면도(시설의 층별 및 구조별 면적을 표시하여야 한다)와 건물의 배치도 각 1부
6. 삭제

② 제1항에 따라 신고서를 제출받은 시장 · 군수 · 구청장은 소방시설 설치 · 유지 및 안전관리에 관한 법률 제7조제6항 전단에 따라 해당 시설의 소재지를 관할하는 소방본부장이나 소방서장에게 해당 시설이 같은 법 또는 같은 법에 따른 명령을 따르고 있는지를 확인하여 줄 것을 요청하여야 한다.

③ 시장 · 군수 · 구청장은 제1항에 따라 신고를 받은 경우에는 별지 제18호서식의 사회복지시설신고증을 발급하여야

한다.

④ 시장 · 군수 · 구청장은 별지 제19호 서식의 사회복지시설신고관리대장을 작성 · 관리하여야 한다.

제21조(시설의 위탁기준 및 방법) ① 법 제34조제4항에 따라 국가 또는 지방자치단체가 설치한 시설을 위탁하여 운영하고자 하는 경우에는 공개모집에 의하여 수탁자를 선정하되, 수탁자의 재정적 능력, 공신력, 사업수행능력, 지역간 균형분포 및 제27조의2에 따른 평가결과(평가를 한 경우에 한한다) 등을 종합적으로 고려하여 선정하여야 한다.

② 제1항에 따른 시설의 수탁자 선정을 위하여 당해 시설을 설치한 국가 또는 지방자치단체(이하 "위탁기관"이라 한다)에 수탁자선정심의위원회(이하 "선정위원회"라 한다)를 둔다.

③ 국가 또는 지방자치단체는 제1항에 따라 수탁자를 선정하고자 하는 경우에는 제2항에 따른 선정위원회의 심의를 거쳐야 한다.

④ 선정위원회는 위원장 1명을 포함한 9명 이내의 위원으로 구성하고, 위원은 다음 각 호의 어느 하나에 해당하는 자 중에서 위탁기관의 장이 임명 또는 위촉하며, 위원장은 위원중에서 위탁기관의 장이 지명한다.

1. 사회복지업무를 담당하는 공무원
2. 사회복지에 관한 학식과 경험이 풍부한 자
3. 공익단체에서 추천한 자
4. 그 밖에 법률전문가 등 선정위원회 참여가 필요하다고 위탁기관의 장이 인정하는 자

⑤ 선정위원회는 재적위원 과반수의 출석으로 개의하고 출석위원 과반수의 찬성으로 의결한다.

⑥ 이 규칙에 정한 것외에 선정위원회의 운영에 관하여 필요한 사항은 위탁기관의 장이 정한다.

제21조의2(시설의 위탁) ① 국가나 지방자치단체는 법 제34조제4항에 따라 시설을 위탁하여 운영하고자 하는 때에는 다음 각호의 내용이 포함된 계약을 체결하여야 한다.

1. 수탁자의 성명 및 주소
2. 위탁계약기간
3. 위탁대상시설 및 업무내용
4. 수탁자의 의무 및 준수 사항
5. 시설의 안전관리에 관한 사항

5의2. 시설종사자의 고용승계에 관한 사항

6. 계약의 해지에 관한 사항
7. 기타 시설의 운영에 필요하다고 인정

되는 사항

② 제1항제2호의 규정에 의한 위탁계약 기간은 5년으로 한다. 다만, 위탁자가 필요하다고 인정하는 때에는 제21조제2항에 따른 선정위원회의 심의를 거쳐 그 계약기간을 갱신할 수 있다.

③ 제2항의 규정에도 불구하고 위탁자는 수탁자가 다음 각 호의 어느 하나에 해당하는 경우에는 그 계약을 해지할 수 있다.

1. 제1항에 따른 계약 체결 내용과 달리 운영하는 경우
2. 위탁받은 사회복지법인이나 비영리법인의 설립허가가 취소된 경우

제22조(시설의 통합 설치 · 운영 등에 따른 시설 및 인력 기준) 법 제34조의2제2항에 따라 둘 이상의 시설을 통합하여 하나의 시설로 설치 · 운영하거나 하나의 시설에서 둘 이상의 사회복지사업을 통합하여 수행하는 경우 해당 시설에서 공동으로 이용하거나 배치할 수 있는 시설 및 인력 기준은 별표 2와 같다.

제23조(사회복지관의 설치기준) ① 삭제

② 사회복지관에는 강당 또는 회의실과 방음설비를 갖춘 상담실을 갖추어야 하며, 제23조의2제1항에 따른 업무수행에 필요한 공간을 확보하여야 한다.

제23조의2(사회복지관의 운영기준) ① 사회복지관에는 사무분야와 별표 3에 따른 사업분야별로 이를 수행할 수 있는 직원을 각각 두거나 겸직할 수 있도록 하되, 직원의 수는 사회복지관의 규모 및 수행하는 사업을 고려하여 정하여야 한다.

② 사회복지관의 관장과 각 분야별 책임자는 다음 각 호의 자격을 갖춘 자로 하여야 한다.

1. 관장 : 2급 이상의 사회복지사자격증 소지자 또는 이와 동등한 자격이 있다고 법 제36조에 따른 운영위원회(이하 "운영위원회"라 한다)에서 인정한 자
2. 사무분야의 책임자 : 3급 이상의 사회복지사자격증 소지자 또는 이와 동등한 자격이 있다고 운영위원회에서 인정한 자
3. 그 밖의 사업분야의 책임자 : 해당 분야의 자격증 소지자

③ 사회복지관의 관장은 별표 3에 해당하는 사업중 지역사회의 특성과 지역주민의 복지욕구를 고려한 사업을 선택하여 복지사업을 수행하여야 한다.

④ 사회복지관의 관장은 지역주민의 복지욕구에 대한 조사, 관계행정기관 및 단체의 의견을 수렴하여 매년도의 사회복지관 복지사업계획을 수립하여야 한다.

⑤ 삭제

⑥ 삭제

⑦ 사회복지관의 관장은 보건복지부장관이 정하는 바에 따라 사회복지관현황보고서를 매년 1월말까지 시장 · 군수 · 구청장 및 시 · 도지사를 거쳐 보건복지부장관에게 제출하여야 한다.

제24조(운영위원회의 설치 및 운영 등) ① 법 제36조제1항에 따른 운영위원회의 위원은 위원장을 포함하여 5명 이상 15명 이하의 위원으로 구성한다. 다만, 법 제36조제2항 각 호 중 같은 호에 해당하는 위원이 2명을 초과하여서는 아니 된다.

② 법 제36조제1항 단서에서 "보건복지부령으로 정하는 경우"란 다음 각 호의 요건을 모두 만족하는 경우를 말한다.

1. 3개 이내의 시설일 것
2. 같은 시 · 군 · 구에 있을 것
3. 모두 거주시설이거나 모두 거주시설이 아닌 시설로서 다음 각 목의 구분에 따른 기준에 적합할 것
   가. 거주시설: 거주자 정원이 20명 미만일 것
   나. 거주시설이 아닌 시설: 시장 · 군수 · 구청장이 시설의 특성, 이용자 수, 시설 규모 등을 고려하여 공동으로 운영위원회를 두는 것이 필요하다고 인정할 것

③ 운영위원회의 위원장은 위원중에서 호선한다.

④ 위원의 임기는 3년으로 하되, 보궐된 임원의 임기는 전임자 임기의 남은 기간으로 한다.

⑤ 이 규칙에서 정한 사항외에 운영위원회의 운영에 관하여 필요한 사항은 보건복지부장관이 정한다.

제25조(시설의 서류비치) 법 제37조의 규정에 의하여 시설에 비치하여야 할 서류는 다음 각호와 같다.

1. 법인의 정관(법인에 한한다)
2. 법인설립허가증사본(법인에 한한다)
3. 사회복지시설신고증
4. 시설거주자 및 퇴소자의 명부
5. 시설거주자 및 퇴소자의 상담기록부
6. 시설의 운영계획서 및 예산 · 결산서
7. 후원금품대장
8. 시설의 건축물관리대장
9. 시설의 장과 종사자의 명부

제26조(시설의 휴지 · 재개 · 폐지신고 등) ① 법 제38조제2항의 규정에 의하여 시설의 운영을 휴지 또는 재개하거나 시설을 폐지하고자 하는 때에는 별지 제20호서식에 의한 신고서에 다음 각호의 서류를 첨부하여 휴지 · 재개 · 폐지 3월전까지

관할 시장 · 군수 · 구청장에게 제출하여야 한다.

1. 시설의 휴지 · 재개 · 폐지사유서(법인의 경우에는 휴지 · 재개 · 폐지를 결의한 이사회의 회의록 사본) 1부
2. 시설거주자에 대한 조치계획서(시설 재개의 경우를 제외한다) 1부

2의2. 시설 이용자가 납부한 시설 이용료 및 사용료의 반환조치계획서 1부(시설 재개의 경우는 제외한다)

2의3. 보조금 · 후원금의 사용 결과 보고서와 이를 재원으로 조성한 잔여재산 반환조치계획서 1부(시설 재개의 경우는 제외한다)

3. 시설의 재산에 관한 사용 또는 처분계획서(시설 재개의 경우를 제외한다) 1부
4. 사회복지시설신고증(시설 폐지의 경우에 한한다) 1부
5. 시설 운영 중단 사유의 해소 조치 보고서 1부(시설 재개의 경우만 해당한다)
6. 향후 안정적 운영을 위한 시설의 운영계획서 1부(시설 재개의 경우만 해당한다)

② 법 제38조제3항에 따라 시장 · 군수 · 구청장은 제1항에 따른 휴지 또는 폐지 신고를 받은 경우에는 시설 거주자의 권익을 보호하기 위하여 제1항제2호, 제2호의2 및 제2호의3의 계획에 따른 조치가 적절하게 이루어지는지를 확인하여야 하며 필요한 경우 관계 서류의 제출을 요구할 수 있다.

③ 법 제38조제4항에 따라 시설 운영자는 제1항에 따른 재개신고를 한 경우에 시설 거주자의 권익을 보호하기 위하여 제1항제5호 및 제6호의 계획에 따른 조치를 성실히 이행하여야 하며 관할 시장 · 군수 · 구청장은 그 이행 여부를 주기적으로 확인하여야 한다.

제26조의2(행정처분의 기준) 법 제40조제3항의 규정에 의한 행정처분의 세부적인 기준은 별표 4와 같다.

제26조의3(지원금의 지급기준 등) ① 법 제42조의3에 따른 지원금의 지급기준은 다음 각 호의 어느 하나에 해당하는지 여부로 한다.

1. 지방자치단체에서 수행하는 복지사업의 평가결과 평가점수가 높거나 현저히 향상된 경우
2. 지방자치단체가 실시한 사회복지사업이 복지행정 발전 및 주민의 복지증진에 기여한 경우
3. 그 밖에 보건복지부장관이 정하는 기준에 해당하는 경우

② 보건복지부장관은 매년 제1항의 지급기준에 해당하는 시 · 도지사 또는 시장 · 군수 · 구청장에게 지원금을 지급한다.

③ 제2항에 따라 지급하는 지원금은 예산의 범위에서 보건복지부장관이 정한다.

④ 제1항 각 호에 해당하는지 여부에 대한 세부적인 판정기준은 보건복지부장관이 정한다.

제27조(시설의 서비스 최저기준) ① 법 제43조제1항에 따른 서비스 최저기준에는 다음 각 호의 사항이 포함되어야 한다.

1. 시설 이용자의 인권
2. 시설의 환경
3. 시설의 운영
4. 시설의 안전관리
5. 시설의 인력관리
6. 지역사회 연계
7. 서비스의 과정 및 결과
8. 그 밖에 서비스 최저기준 유지에 필요한 사항

② 제1항에 따른 서비스 최저기준 대상 시설의 범위는 다음 각 호와 같다. 다만, 시설의 규모, 제공하는 서비스의 특성, 이용자 수 등을 고려하여 보건복지부장관이 정하는 시설은 제외한다.

1. 법 제2조제1호 각 목의 법률에 따른 사회복지시설
2. 사회복지관

제27조의2(시설의 평가) ①보건복지부장관 및 시 · 도지사는 법 제43조의2에 따라 3년마다 시설에 대한 평가를 실시하여야 한다.

② 제1항에 따른 시설의 평가기준은 법 제43조제1항에 따른 서비스 최저기준을 고려하여 보건복지부장관이 정한다.

③ 보건복지부장관과 시 · 도지사는 제1항에 따른 평가의 결과를 해당 기관의 홈페이지 등에 게시하여야 한다.

④ 제1항의 규정에 의한 평가의 방법 기타 평가에 관하여 필요한 사항은 보건복지부장관이 정한다.

제28조(비용징수의 통지) 영 제21조에 따른 비용징수의 통지는 비용징수 통지서에 의한다.

제29조(지도 · 감독공무원의 증표) 법 제51조제4항에 따른 지도 · 감독공무원의 권한을 표시하는 증표는 별지 제22호서식에 의한다.

제30조(촉탁받은 자의 증표) 영 제24조의3제2항에 따른 촉탁받은 자의 권한을 표시하는 증표는 별지 제23호서식에 따른다.

제31조(부대시설의 지원) ① 시 · 도지사 또는 시장 · 군수 · 구청장은 시설을 설치 · 운영하는 자가 시설 거주자에 대한 원활

한 서비스 제공을 위하여 종사자(시설의 장을 포함한다. 이하 같다)의 숙소를 시설에 부대하여 설치하고자 하는 때에는 예산의 범위안에서 그 종사자의 숙소를 설치하는 데 필요한 비용을 보조할 수 있다. 이 경우 가족과 같이 거주하는 종사자의 숙소는 주택법에 의한 국민주택의 규모이하로 하고, 가족과 같이 거주하지 아니하는 종사자의 숙소는 1인당 20제곱미터이내로 한다.

② 삭제

제32조 삭제

제33조(공통서식) 제28조에 따른 비용징수 통지서는 사회복지관련 사업 및 서비스와 관련하여 보건복지부장관이 정하여 고시하는 공통서식에 따른다.

제34조(규제의 재검토) ① 보건복지부장관은 제5조에 따른 사회복지사 보수교육 등에 대하여 2014년 1월 1일을 기준으로 3년마다(매 3년째의 1월 1일 전까지를 말한다) 그 타당성을 검토하여 개선 등의 조치를 하여야 한다.

② 보건복지부장관은 다음 각 호의 사항에 대하여 다음 각 호의 기준일을 기준으로 2년마다(매 2년이 되는 해의 기준일과 같은 날 전까지를 말한다) 그 타당성을 검토하여 개선 등의 조치를 하여야 한다.

1. 삭제
2. 제13조에 따른 기본재산의 기준: 2015년 1월 1일
3. 제14조에 따른 기본재산 처분 시 제출서류: 2015년 1월 1일
4. 제23조에 따른 사회복지관의 설치기준: 2015년 1월 1일
5. 제23조의2제2항에 따른 자격의 기준: 2015년 1월 1일
6. 제26조에 따른 시설의 휴지 · 재개 · 폐지신고 시 제출서류: 2015년 1월 1일
7. 제26조의2 및 별표 4에 따른 행정처분의 기준: 2015년 1월 1일
8. 제27조의2에 따른 시설의 평가주기: 2015년 1월 1일

부칙

이 규칙은 공포한 날로부터 시행한다.

참고문헌

노용구 외(2015). 스포츠복지개념 및 정책방향 실정에 관한 연구. 한국스포츠개발원.
문화체육관광부(2017). 2016 스포츠백서. 문화체육관광부.
정민숙 외(2017). 사회복지개론(제4판). 공동체.
김사엽(2006). 스포츠사회복지론. 20세기교육사.
고수현 외(2003). 노인복지론. 양서원.
곽효문(1995). 복지정책론. 제일법규.
김기태 외(2000). 사회복지의 이해. 박영사.
김만구(1991). 사회복지법제론. 홍익제.
김정혜 외(2001). 노인건강 이론과 실제. 정담.
남세진 외(1995). 한국사회복지론. 나남.
석춘희(2002). 생활스포츠의 이해. 학문사.
성영혜(2001). 사회복지개론. 형성출판사.
이재환(1988). 사회복지행정론. 홍익제.
이경옥(2005). 허약한 노인들을 위한 운동. 대한미디어.

저 자 소 개

김 재 호

동의대학교 체육학과 졸업
동아대학교 교육대학원 교육학석사
동아대학교 대학원 이학박사
부산수영연맹 이사
현 동의과학대학교 사회체육과 교수

정 용 우

용인대학교 격기학과 졸업
인천대학교 대학원 교육학석사
인천대학교 대학원 체육학박사
현 예원예술대학교 경호무도학과 교수

박 형 수

인천대학교 대학원 체육학석사
인천광역시체육회 본부장 역임
2014 인천아시안게임 대한민국선수단 본부임원 역임
인하대학교 스포츠과학과 겸임교수 역임
현 (사)한국스포츠복지진흥원 원장
청운대학교 평생교육원 체육전공 책임교수
대한체육회 고용·능력개발위원회 위원

스포츠복지론

초판인쇄 2019년 3월 20일
초판발행 2019년 3월 25일
발 행 인 민유정
발 행 처 대경북스
ISBN 978-89-5676-782-6

등록번호 제 1-1003호
서울시 강동구 천중로42길 45(길동 379-15) 2F
전화: (02)485-1988, 485-2586~87 · 팩스: (02)485-1488
e-mail: dkbooks@chol.com · http://www.dkbooks.co.kr